THOMAS HOEPKER

Blick von Williamsburg, Brooklyn, auf Manhattan, 11. September 2001

Ein Bild und seine Geschichte

Vorwort von
ULRICH POHLMANN

Essay von
MICHAEL DIERS

SCHIRMER/MOSEL

Bildnachweis

COVER UND TAFELN
© 2024 bei Thomas Hoepker, New York/Berlin

ABBILDUNGEN
1. Spencer Platt/Getty Images; 2. Kristi McCluer/Reuters; 3. Slate Magazine „It's Me in That 9/11 Photo", 13. September 2006, http://www.slate.com/articles/news_and_politics/culturebox/2006/09/its_me_in_that_911_photo.html; 4. aus: Jocelyn Bouquillard, *Hokusai. 36 Ansichten des Berges Fuji*, München 2007, S. 65; 5. aus: David Friend, *Watching the World Change* („3 Girls Watching", 2001), Blogeintrag vom 2. März 2008, http://davidfriend.net/2008/03/3_girls_watching_2001.php; 6. aus: Mario Praz, *Conversation Pieces. A Survey of the Informal Group Portrait in Europe and America*, Pensylvania 1971, S. 135; 7. Prometheus Bildarchiv

Layout: Simon Distenfeld
Lithographie: BayerMedia, München
Druck und Bindung: PB tisk, Příbram, Tschechien

ISBN 978-3-8296-0980-7

Eine Schirmer/Mosel-Produktion
www.schirmer-mosel.com

Inhalt

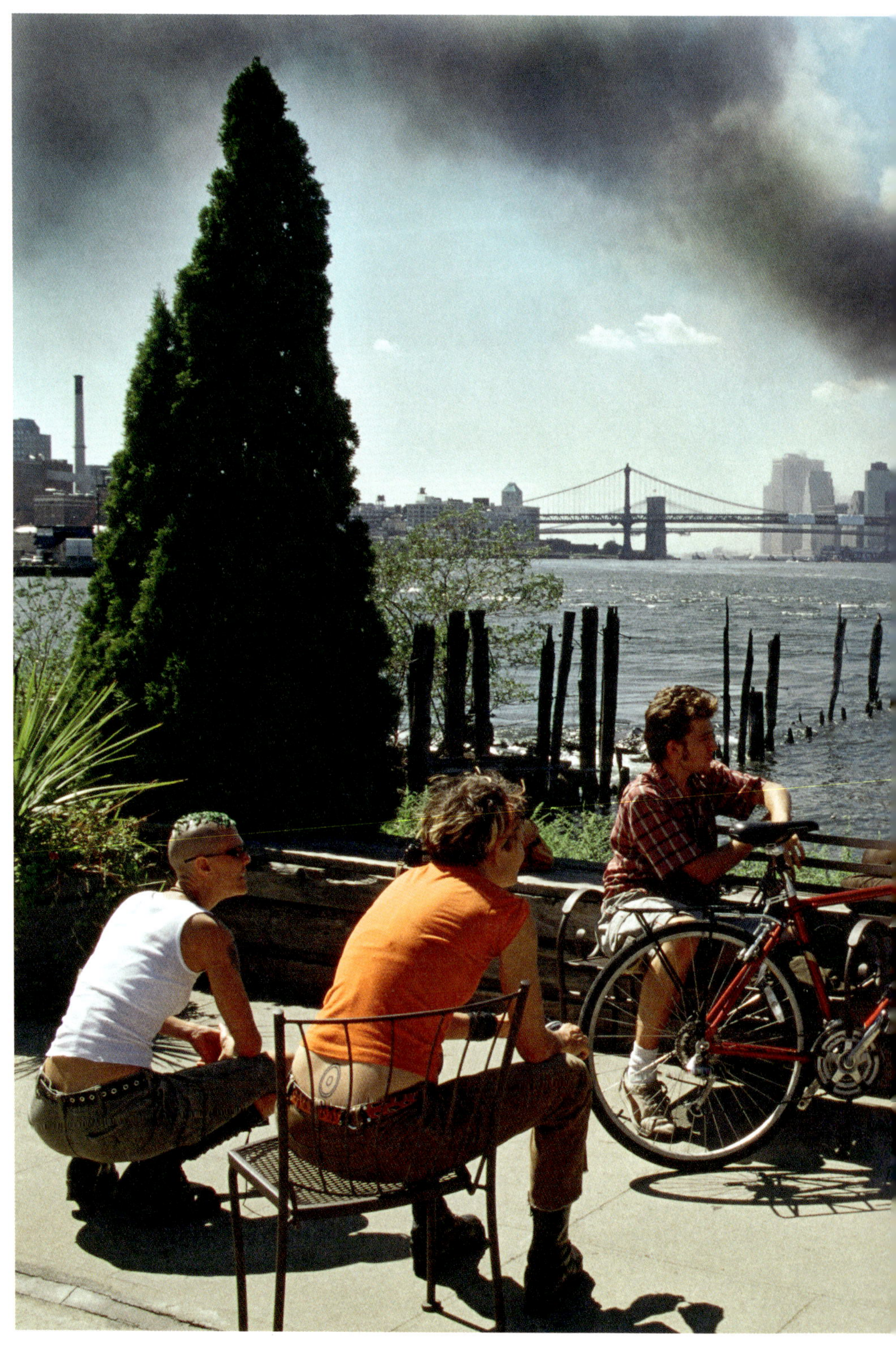

1. THOMAS HOEPKER Blick von Williamsburg, Brooklyn, auf Manhattan, 11. September 2001

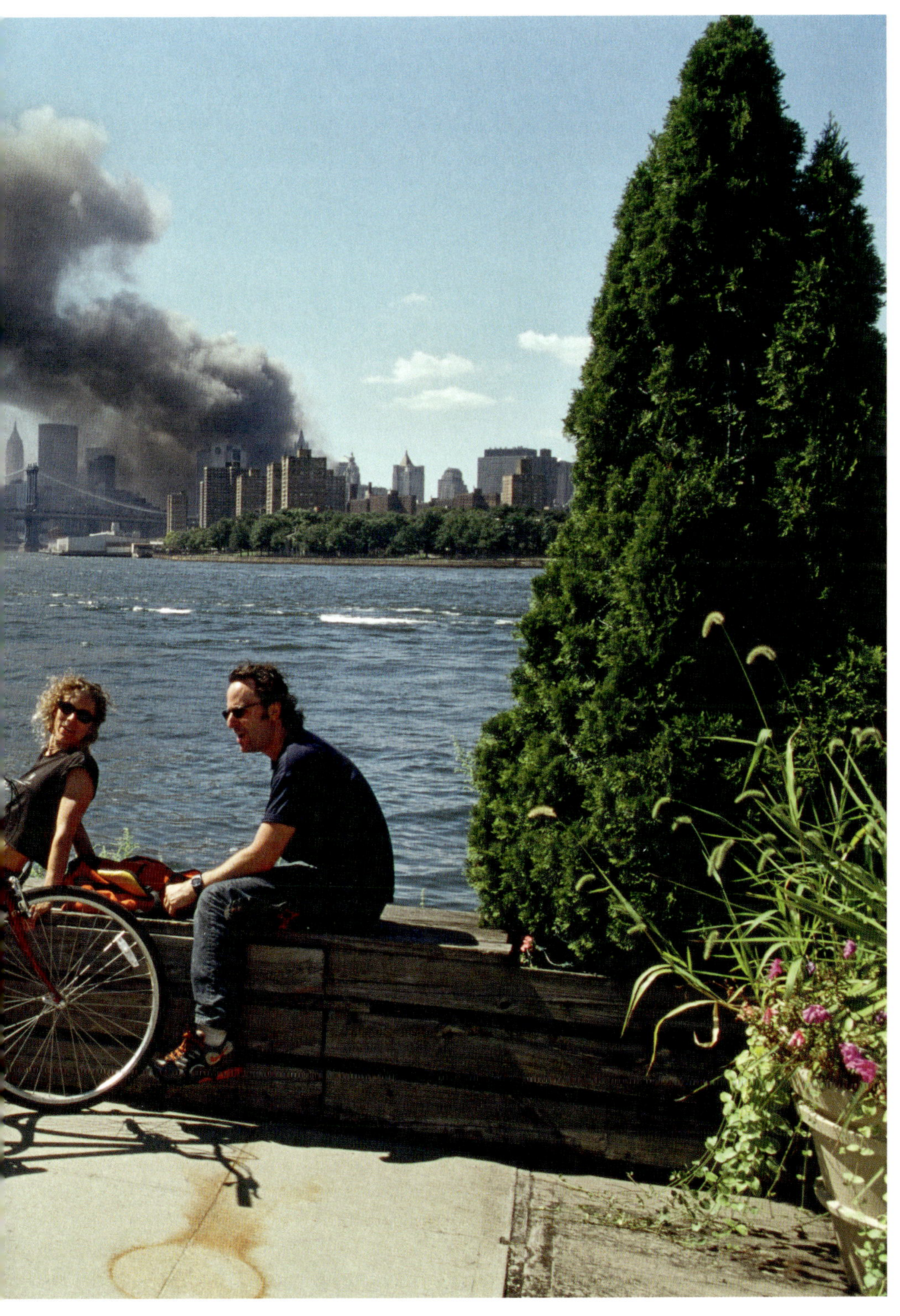

Wir danken Christine Kruchen, Thomas Hoepkers Frau, für
die freundliche Bereitstellung von Quellenmaterial.

Ulrich Pohlmann
Zur Einführung

Welche Bilder eignen sich rückblickend als Ikonen der Zeitgeschichte und wie kommt es zu dieser Bestimmung? Diese Frage stellt sich jedem aufmerksamen Leser täglich beim Blättern der Tageszeitungen, von Illustrierten und Magazinen. Heute haben die klassischen Printmedien ihre ursprüngliche Funktion, Schaufenster zur Welt zu sein, weitgehend eingebüßt, da die Neuigkeiten über das aktuelle Weltgeschehen über die sozialen Medien im Internet viel schneller kommuniziert werden. Ereignisse wie der Absturz der Concorde oder der Tsunami in Asien hatten zufällig anwesende Knipser mit ihren Mobiltelefonen dokumentiert und weltweit verbreitet. Selbst die Printmedien bemühten sich zeitweise um diese Schnappschüsse. Mit dem Aufruf „Augenzeugen gesucht!" wandte sich beispielsweise die Illustrierte *Stern* 2006 an ihre Leser und Leserinnen, um Fotodokumente mit Nachrichtenwert von Naturkatastrophen oder Unfällen zu erhalten. Da der Aufwand in keinem Verhältnis zum Ertrag stand, wurde das Portal jedoch bald wieder eingestellt. Infolge der nicht mehr überschaubaren Masse an Bildern im virtuellen Raum gewann das auf Papier gedruckte (Presse-)Bild allmählich wieder an Gewicht. Der Prozess des Prüfens und Auswählens von Bildern in den Redaktionen verlieh den veröffentlichten Motiven eine gewisse Autorität.

Thomas Hoepkers berühmte Aufnahme von 9/11 ist zunächst nicht im Sieb irgendeiner Bildredaktion oder Agentur hängengeblieben. Das lag vor allem an der persönlichen Entscheidung des Fotografen, das Bild nicht in Umlauf zu bringen. Das änderte sich erst mit der Vorbereitung seiner Werkretrospektive, die 2005 im Münchner Stadtmuseum stattfand. Die Vorgeschichte dieser Ausstellung ist schnell erzählt. Thomas Hoepker hatte der fotografischen Sammlung des Museums ca. 8000 Schwarzweiß-Abzüge aus seiner Tätigkeit als Fotoreporter für die Illustrierten *Kristall* und *Stern* in den 1950er und 1960er Jahren als Schenkung überlassen. Die Aufnahmen lagerten bei seiner Münchner Bildagentin Anne Hamann-Neves, die sich beruflich verändern wollte und im Einverständnis mit Hoepker dem Stadtmuseum das Bilderkonvolut zur weiteren Nutzung übergab. Bei einem späteren Aufenthalt des Fotografen in München kam es zu einem Treffen im Museum und gemeinsam wurde dann beschlossen, eine Retrospektive auszurichten und bei der Bildauswahl auch Farbfotografien und jüngste Arbeiten zu berücksichtigen. Diese Ausstellung sollte zugleich eine Dankesgeste des Museums für das großzügige Geschenk des Fotografen sein. Man verabredete sich für eine Woche in Long Island in dem schönen Haus von Thomas Hoepker und seiner Frau Christine Kruchen, um dort gemeinsam viele tausend Aufnahmen zu sichten. Die meisten Fotografien lagen bereits als Scans vor. Von den farbigen

Reportagen existierten allerdings kaum brauchbare Abzüge, da die Verlage die Druckklischees direkt von den Farbdias ohne Zwischenträger herstellen ließen.

Als wir die Aufnahmen vom Anschlag auf das World Trade Center am 11. September 2001 an mehreren Monitoren gleichzeitig näher begutachteten, fielen uns bei der schnellen Durchsicht mehrere Ansichten des Ereignisses auf, unter denen sich das später ausgewählte Motiv befand. Das Foto der Personengruppe vor der Kulisse von Manhattan mit der Rauchwolke unterschied sich deutlich von den anderen Bildern, die Thomas Hoepker an dem Tag in New York aufgenommen hatte. Für das von ihm und den Magnum-Fotografen veröffentlichte Buch *New York September 11*[1] hatte Thomas Hoepker das Motiv nicht ausgewählt, sondern sich stattdessen für andere dramatische Darstellungen entschieden. Auf einer Ansicht von Manhattan beispielsweise war ein im Wind flatterndes Sternenbanner zu sehen, das einzige farbige Element in einer durch den Rauch zur Grisaille verwandelten Umgebung aus Hochhäusern und Brückenpfeilern. Das düstere Bild vermittelte in den Worten des Fotografen ein „doomsday feeling". Einen patriotisch gesinnten Betrachter mag beim Anblick der amerikanischen Flagge – ein trotziges Symbol einer verwundeten, aber nicht überwundenen Großmacht – auch das Gefühl von nationalem Pathos beschlichen haben.

Von dieser dramatisch aufgeladenen Atmosphäre war der *Blick von Williamsburg auf Manhattan* weit entfernt. Mich hatte die banale Alltäglichkeit der Szene im Vordergrund sofort fasziniert, die in Verbindung mit der im Hintergrund stattfindenden Katastrophe wie eine Montage „in vivo" erschien. Es war diese Gleichzeitigkeit unterschiedlicher Schauplätze und voneinander getrennter Wirklichkeitsebenen, die in einem Blick vereint den besonderen Reiz des Bildes ausmachte und zugleich irritierte. Wohl aus diesem Grunde wurde gelegentlich die Vermutung beziehungsweise der Verdacht geäußert, dass die Szene von Thomas Höpker nachträglich am Bildschirm zusammenmontiert worden wäre.

Die Unwirklichkeit, das Surreale der Situation weckt Assoziationen an Henri Cartier-Bresson und dessen Vorliebe für die seltsamen Koinzidenzen des „objektiven Zufalls", in denen er die Wirklichkeit montageartig zusammenführte. Zur Erinnerung: Cartier-Bressons Methode bestand darin, sich mit seiner Leica in der Nähe eines Standorts auf die Lauer zu legen und den entscheidenden Augenblick abzupassen, in dem sich die Situation und Kulisse montageartig zu einer Einheit verbanden. „Attendre la surprise, être une plaque sensible" – „Auf die Überraschung warten, eine sensible Negativplatte/Membran sein" – nach diesem Motto verwandelte Cartier-Bresson banale Szenen des Alltags in rätselhafte Kompositionen. Durch seine langjährige Zugehörigkeit zur Magnum-Gruppe war Hoepker mit der Person Henri Cartier-Bresson vertraut und auch ein Bewunderer seiner Arbeit als Fotojournalist. Trotz aller visuellen Affinität unterschied sich sein Vorgehen als Fotograf von Cartier-Bressons Methode, denn er hatte das Motiv eher beiläufig intuitiv wahrgenommen und nicht auf einen entscheidenden Augenblick gewartet. Außer an Cartier-Bresson erinnerte mich die Aufnahme *Blick von Williamsburg auf Manhattan* damals auch an Jeff Wall und seine sorgfältig inszenierten Tableaux, in denen sich Wirklichkeit zum Denkbild verdichtete. Die Farbigkeit von Hoepkers Aufnahme wiederum weckte Assoziationen an Stephen Shores *Uncommon Places*.

Als wir uns über das Foto und die dargestellte Situation austauschten, wurde deutlich, dass Thomas Hoepker das Bild eigentlich nicht veröffentlicht wollte, da er es als ein nicht angemessenes Dokument der dramatischen Geschehnisse ansah. In späteren Interviews kommentierte er die Ambiguität des Bildes mit den Worten: „The idyllic quality turned me off. It was too pretty." Vermutlich ahnte er auch den Vorwurf mangelnder Empathie, den man der scheinbar heiteren, tiefenentspannt wirkenden Gruppe junger Leute angesichts des Leids anderer machen würde. Wahrscheinlich wäre die Aufnahme aber auch in dem Pool der damals im Umlauf befindlichen Fotos wegen seines unspektakulären Inhalts gänzlich unbemerkt geblieben. In Reaktion auf das schockartige Ereignis wurden ganz andere Aufnahmen in den Tageszeitungen und Magazinen veröffentlicht. Eine Untersuchung von Clément Chéroux zur Bildpolitik in den Medien sollte später ergeben, dass es vor allem sechs zentrale Motive in der Bildberichterstattung über 9/11 gegeben hat: Explosion, Wolke, Ruine, Flugzeug, Panik, Flagge.[2] Schockfotos von den aus den Hochhäusern springenden Menschen, die anfangs noch vereinzelt in den Medien abgebildet wurden, wurden bald als „body horror" tabuisiert und aus dem Verkehr gezogen. Stattdessen gewannen Aufnahmen von den Angehörigen von Opfern und den mutigen Rettern an Bedeutung. Diese Bilder sollten nicht nur Mut machen, sondern wirkten wie ein Therapeutikum auf jene, die unter dem Schock des Ereignisses litten. Der Filmemacher und Schriftsteller Alexander Kluge hatte damals als einer der Ersten auf die therapeutische Wirkung der sich endlos im Loop wiederholenden Bilderschleifen in der Berichterstattung über 9/11 aufmerksam gemacht. Die Akzeptanz des Unvorstellbaren wuchs durch die permanente Wiederholung von Videos wie dem Einschlag der Flugzeuge in den Türmen. Wie sehr sich auch Hollywood-Kino und dokumentarische Bilder in den Köpfen von medienerfahrenen Zuschauern miteinander verbanden, wurde mir klar, als ein Freund berichtete, dass er abends nach der Rückkehr ins Hotelzimmer erstmals von den Geschehnissen erfahren hatte und nach dem Einschalten des Fernsehers zunächst glaubte, einen Katastrophenfilm zu sehen.

In diese skizzierte Gemengelage passte Hoepkers Foto überhaupt nicht hinein. Ebenso wenig traf seine Aufnahme unmittelbar nach dem Terrorakt die Stimmungslage einer Nation, die von Trauer, Wut, Hass und patriotischen Rachegelüsten bestimmt war. Man könnte sogar von einem „ungehorsamen" Bild[3] sprechen, da es die Konventionen und Erwartungen partout nicht erfüllte. *Blick von Williamsburg auf Manhattan* repräsentiert einen Antitypus zum Stereotyp einer von Drama und Pathos bestimmten Bildkultur des Ereignisses. Genau diese Andersartigkeit war schließlich ausschlaggebend für die kuratorische Entscheidung, die Aufnahme für die Ausstellung und die begleitende Publikation auszuwählen.

Als Lothar Schirmer die Auswahl von mehr als 200 Aufnahmen durchsah und sich die Frage nach dem Titelbild stellte, entschied sich der Verleger spontan für das Motiv, obwohl es nicht an anderen aussagekräftigen Motiven mangelte. So kam es erst vier Jahre nach dem Ereignis zur Veröffentlichung des

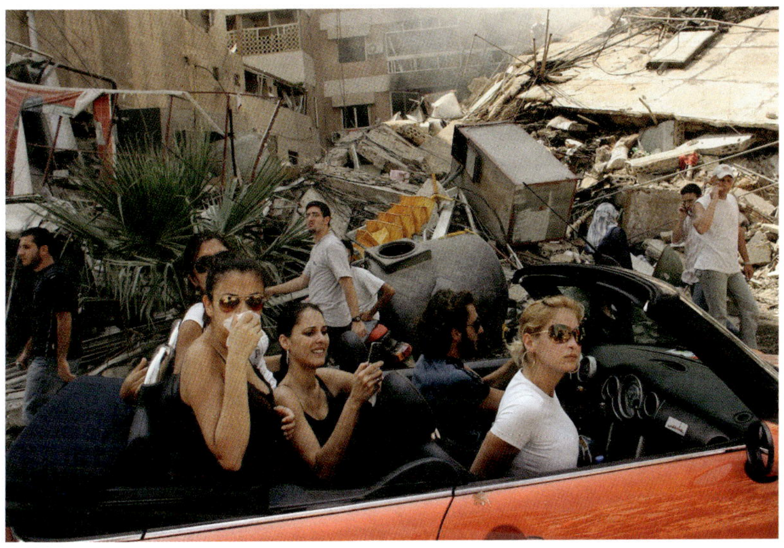

1. Spencer Platt, *Junge Libanesen fahren im roten Cabriolet durch Beirut*, 15. August 2006

Bildes, das dann nach seiner Verbreitung in der deutschsprachigen Presse auch in den Vereinigten Staaten wahrgenommen wurde und in New York eine intensive Debatte auslöste, deren Kontroversen in dem Beitrag von Michael Diers ausführlich beleuchtet werden. Fortan wurde das Foto zu einer Art Markenzeichen der langen beruflichen Karriere von Thomas Hoepker. Es war Teil der kollektiven Erinnerungskultur um 9/11 geworden und die Diskussion um das Bild machte die Brüche innerhalb der amerikanischen Gesellschaft sichtbar, denn das scheinbar indifferente Verhalten wurde als Ausdruck einer tiefen Entfremdung zwischen den Generationen und den Interessen der amerikanischen Werte gedeutet.

Nun war *Blick von Williamsburg auf Manhattan* mitnichten das einzige Foto, das in dem Jahrzehnt widersprüchliche

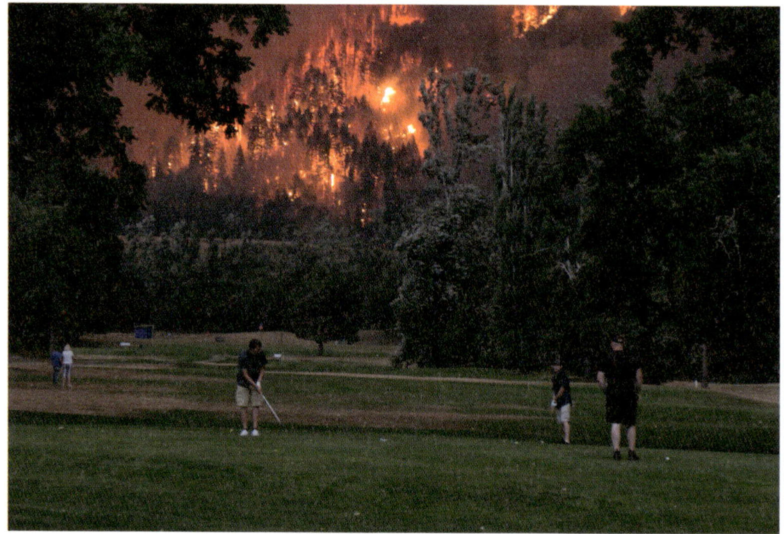

2. Kristi McCluer, *Golfer des Beacon Rock Golf Course in North Bonneville, Washington*, 4. September 2017

Resonanzen/Reaktionen auslöste. Wenig später wurde Spencer Platts preisgekrönte Aufnahme publik, die fünf junge Insassen eines Cabriolets inmitten der zerstörten Stadt Beirut nach Ende des Krieges zwischen Israel und der Hisbollah wiedergab. Die Gruppe war schnell als Ruinentouristen und Vertreter einer Jeunesse dorée verschrien und das Bild stand stellvertretend für die paradoxen sozialen Verwerfungen innerhalb der libanesischen Gesellschaft. Dass es sich bei den Cabrio-Insassen jedoch nicht um reiche Libanesen handelte, die als empathielose Kriegstouristen auf Sightseeing-Tour waren, wie zunächst vermutet wurde, sondern die die Überreste ihrer zerbombten Wohnungen aufsuchten, machte eine nachträgliche Recherche zu dem Foto sichtbar.[4] Das Foto ist ein exzellentes Beispiel für die widersprüchlichen Deutungen und Lesarten, die häufig auf Missverständnissen und voreiliger Interpretation beruhen. Eine ähnliche Geschichte erzählt möglicherweise eine Aufnahme von Golfern vor der Kulisse eines Waldbrandes im Staat Washington.[5] Scheinbar ungerührt setzen die Sportsleute ihr Spiel auf dem Rasen fort, während im Hintergrund eine Feuerwalze auf sie zurast und die Umgebung verwüstet. Es gilt auch hier, die Szene sorgfältig zu prüfen und die scheinbare Evidenz des Bildes zu hinterfragen, um die Vielschichtigkeit von Bedeutungsebenen zu erkennen.

Einige Jahre nach 9/11 suchte Thomas Hoepker denselben Schauplatz wieder auf und fotografierte die menschenleere Terrasse mit dem Panorama von Manhattan ohne die Zwillingstürme des World Trade Center und die Personengruppe.[6] Beide Leerstellen breiten sich in diesem *Remake* auf geradezu bedrohliche Weise aus. Die Spuren der Vergangenheit sind scheinbar unsichtbar geworden und niemand, der die Vorgeschichte nicht kennen würde, würde die Veränderungen bemerken.

1 *New York September 11 by MAGNUM Photographers*, New York 2001.

2 Clément Chéroux: *Diplopie. Bildpolitik des 11. September*, Konstanz 2011.

3 Judith Butler, zit. nach Karen Fromm: „Die Unsichtbarkeit des Rahmens oder die Lesbarkeit der Welt", in: Karen Fromm, Sophia Greiff, Anna Stemmler (Hrsg.): *Images in Conflict*, Kromsdorf 2018, S. 299.

4 Vgl. Gert van Langendonck: „Glamour in Trümmern", in: *DIE ZEIT*, Nr. 10, 1. März 2007. S. 59. Das Foto stammte von Spencer Platt und wurde mit dem World Press Photo Award 2006 ausgezeichnet.

5 Das Foto stammt von der Agentur Reuters und ist in North Bonneville, Washington, im September 2017 entstanden. „The Eagle Creek wildfire burns as golfers play at the Beacon Rock Golf Course in North Bonneville, Washington, U.S. September 4, 2017. Picture taken on September 4, 2017."

6 Vgl. Thomas Hoepker „The Way it Was. Round Trip, USA", auf der Website des Steidl Verlags abrufbar.

Verwendete Literatur

Clément Chéroux: *Diplopie. Bildpolitik des 11. September*, Konstanz 2011

Clément Chéroux: „Déjà Vu of September 11: An Essay on Inter-iconicity", in: Ben Burbridge, Annebella Pollen (Hrsg.): *Photography Reframed. New Visions in Contemporary Photographic Culture*, London/New York 2018, S. 137–145

Michael Diers: „Ereignis Bild Fotografie, Politik und (Be-)Deutung", in: Michael Diers: *Vor aller Augen. Studien zu Kunst, Bild und Politik*, München 2016, S. 123–139

David Friend: *Watching the world change: the stories behind the images of 9/11*, New York 2006

Karen Fromm, Sophia Greiff, Anna Stemmler (Hrsg.): *Images in Conflict*, Kromsdorf 2018

Jennifer Good: *Photography and September 11th. Spectacle, Memory, Trauma*, London/New York 2015

Felix Hoffmann (Hrsg.): *unheimlich vertraut – Bilder vom Terror*, Ausst.-Kat. C/O Berlin, Köln 2011

Oliver Charles Mechcatie: *Pictures of the catastrophe and catastrophic pictures: through the theoretical perspectives of Günter Abel, Roland Barthes and Ulrich Baer an analysis of the pictorial production on the occasion of the 9/11 catastrophe in New York and the concept of trauma within this production: as exemplified by the "New York Times" and "Immediate Damage" archives*, Göttingen 2016

Hermann Mitterhofer: *Das Repräsentations-Dispositiv. Narrativ, Gedächtnis und Pathos – zu den Bildern von 9/11*, München 2016

Margaret Olin: „Five Stories of 9/11", in: Margaret Olin: *Touching Photographs*, Chicago/London 2012, S. 161–223

New York September 11 by Magnum Photographers, New York 2001

Susan Sontag: *Das Leiden anderer betrachten*, München 2003

Anna Stemmler: „Die Un/Sichtbarkeit der Bilder von 9/11", in: Franca Buss und Philipp Müller (Hrsg.): *Hin- und Wegsehen. Formen und Kräfte von Gewaltbildern*, Berlin/Boston 2020, S. 255–275

Klaus Theweleit: *Der Knall. 11. September, das Verschwinden der Realität und ein Kriegsmodell*, Frankfurt am Main 2002

John B. Thompson: „Bilder als Komplizen", in: *DIE ZEIT online*, 20.9.2001

Stephan Weichert: „Aufmerksamkeitsterror 2001, 9/11 und seine Inszenierung als Medienereignis", in: Paul Gerhard (Hrsg.): *Das Jahrhundert der Bilder, 1949 bis heute*, Göttingen 2008, S. 686–693

Otto Karl Werckmeister: *Der Medusa-Effekt. Politische Bildstrategien seit dem 11. September 2001*, Berlin 2005

THOMAS HOEPKER wurde 1936 in München geboren. Mit 14 Jahren beginnt er zu fotografieren. Studium der Kunstgeschichte und Archäologie in Göttingen und München. Ab 1959 Veröffentlichungen in Fotojahrbüchern und Zeitschriften. 1960 wird er Fotoreporter bei der *Münchner Illustrierten*. 1964 holt Henri Nannen ihn zum *Stern*: Es folgen eine intensive weltweite Reisetätigkeit, Reportageaufträge in fast allen Kontinenten, auch als Art Director ist er zweitweise für den *Stern* in Hamburg tätig. Ab 1971 macht er auch Dokumentarfilme. 1974 lebt er mit seiner ersten Frau, der Journalistin Eva Windmöller, als Korrespondent des *Stern* drei Jahre lang in der DDR. 1976 ziehen beide nach New York, wo er weiterhin für den *Stern* tätig ist. 1977 wird er mit dem Bundesverdienstkreuz ausgezeichnet. 1978–81 ist er Executive Editor der amerikanischen Ausgabe von *Geo*. 1989 wird er Vollmitglied der Fotoagentur Magnum, ist 1992–95 deren Vize-Präsident und 2003–07 deren Präsident. 2001 erscheint unter seiner Herausgeberschaft das Buch *New York September 11 by Magnum Photographers*. Thomas Hoepker hat über 20 Fotobücher publiziert, sechs Dokumentarfilme gedreht und an zahlreichen Fotoausstellungen teilgenommen. Er lebt in New York.

ULRICH POHLMANN (geb. 1956) leitete von 1991 bis 2022 die Sammlung Fotografie (ehemals Fotomuseum) des Münchner Stadtmuseums. Als Autor und Herausgeber veröffentlichte er zahlreiche Publikationen zur Geschichte der Fotografie im 19. und 20. Jahrhundert. Ein Fokus seiner Forschungen liegt in der Untersuchung der Wechselbeziehungen von Fotografie und den bildenden Künsten. Im Schirmer/Mosel-Verlag erschienen zuletzt die Monografie über den elsässischen Fotounternehmer Adolphe Braun und die Festschrift *Ulrich Pohlmann. Fotografie sammeln*.

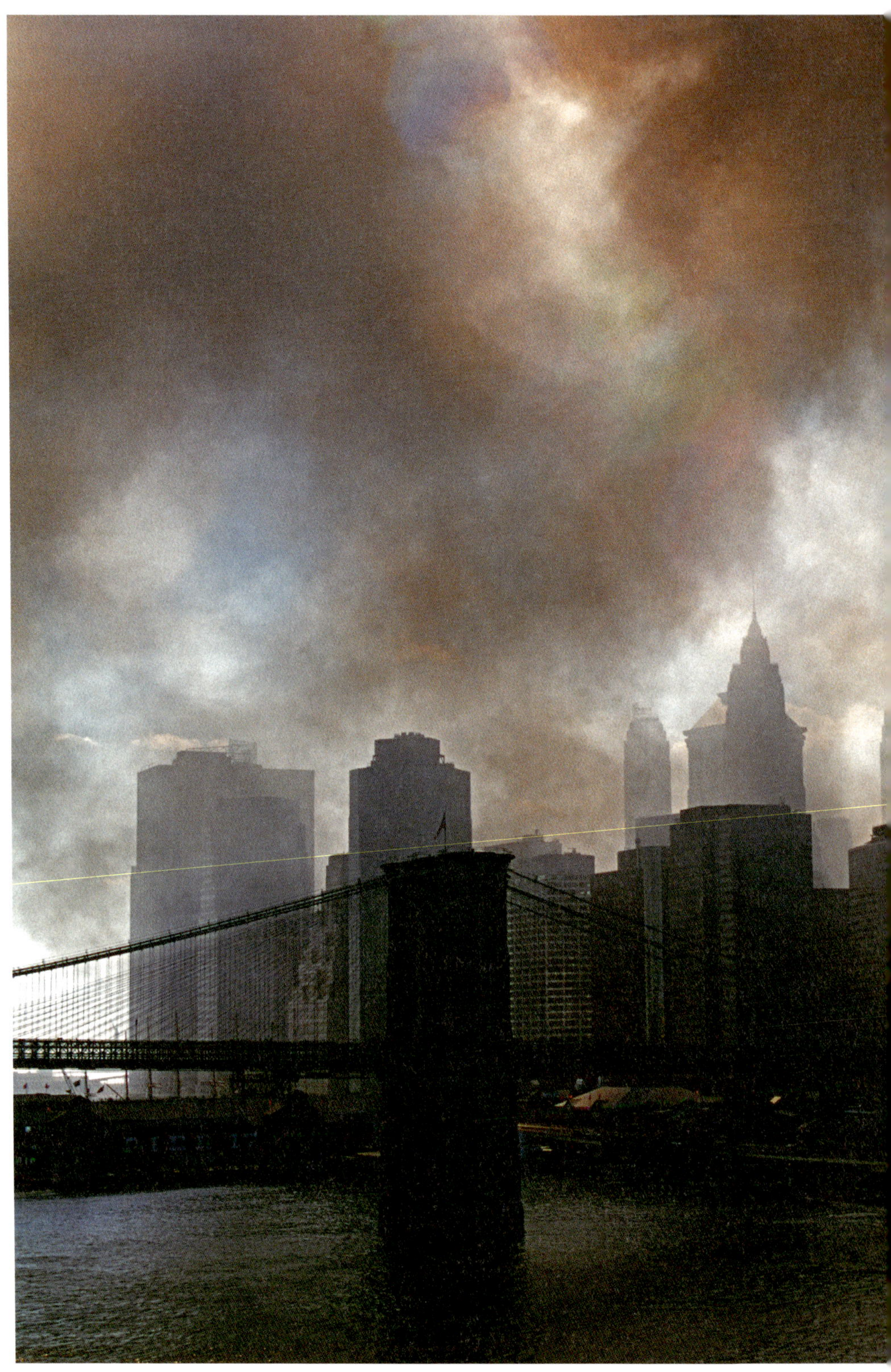

11. THOMAS HOEPKER Blick von der Manhattan Bridge, 11. September 2001

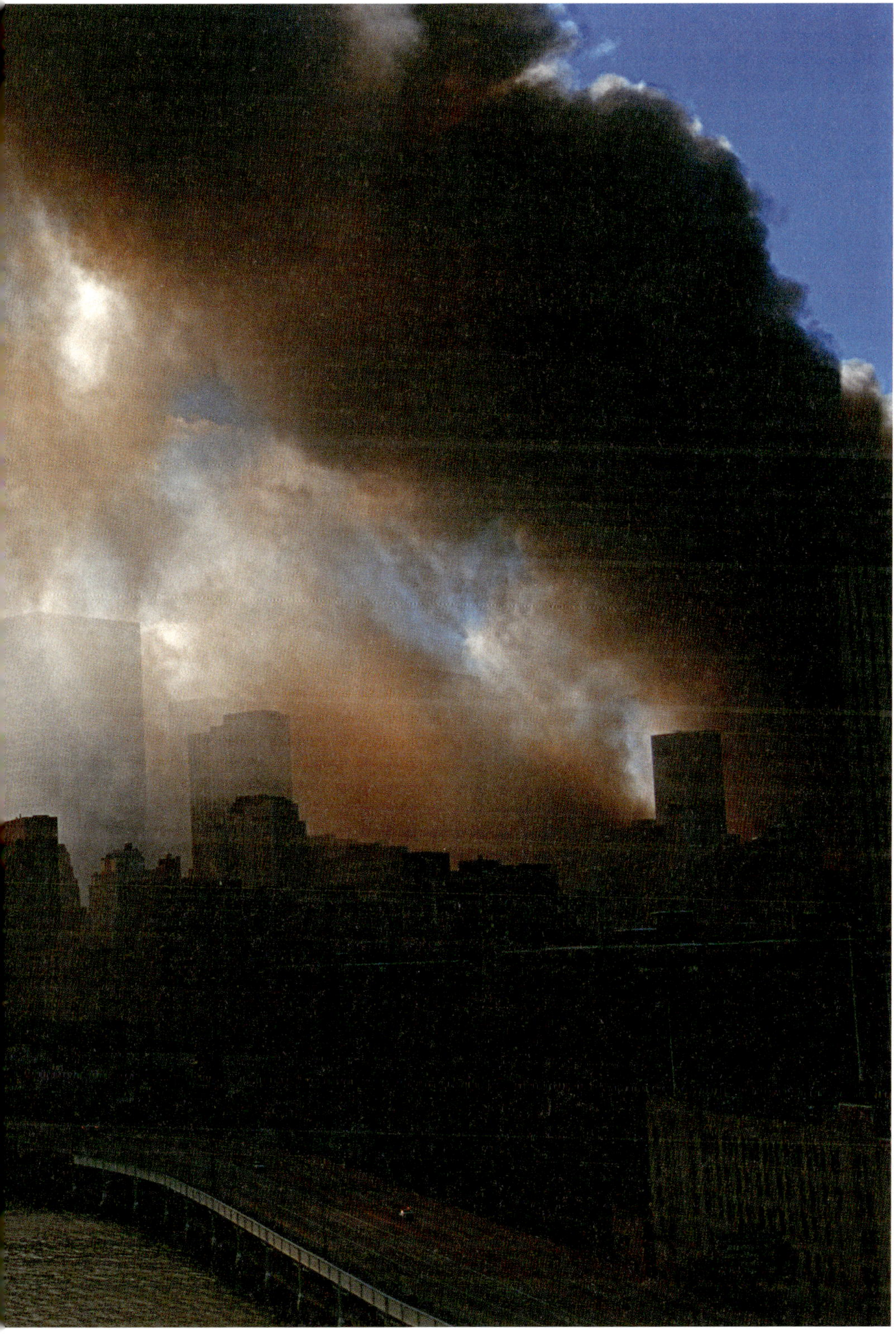

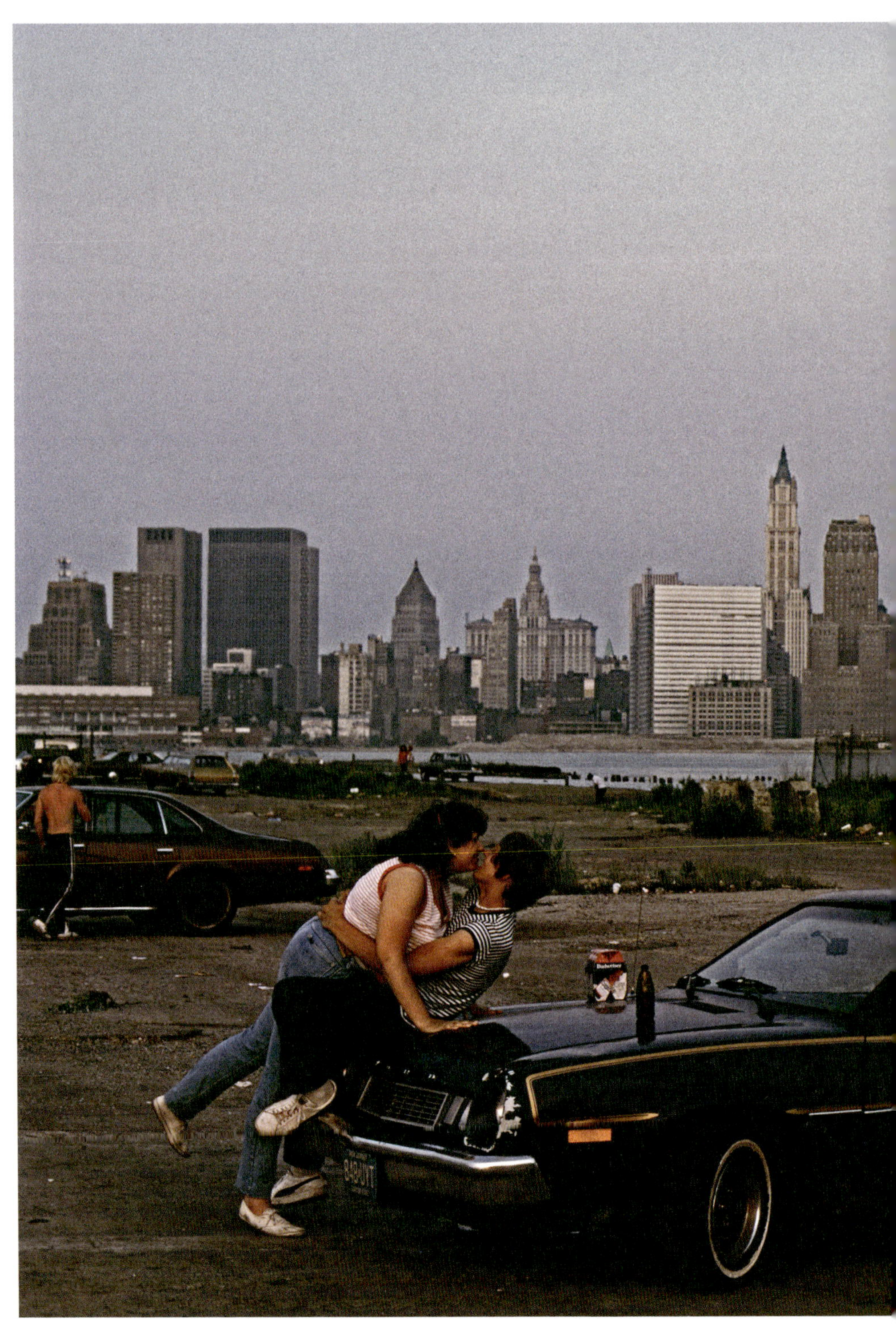

III. THOMAS HOEPKER „Lover's Lane" an den New Jersey Docks mit Manhattan im Hintergrund, New Jersey, 1983

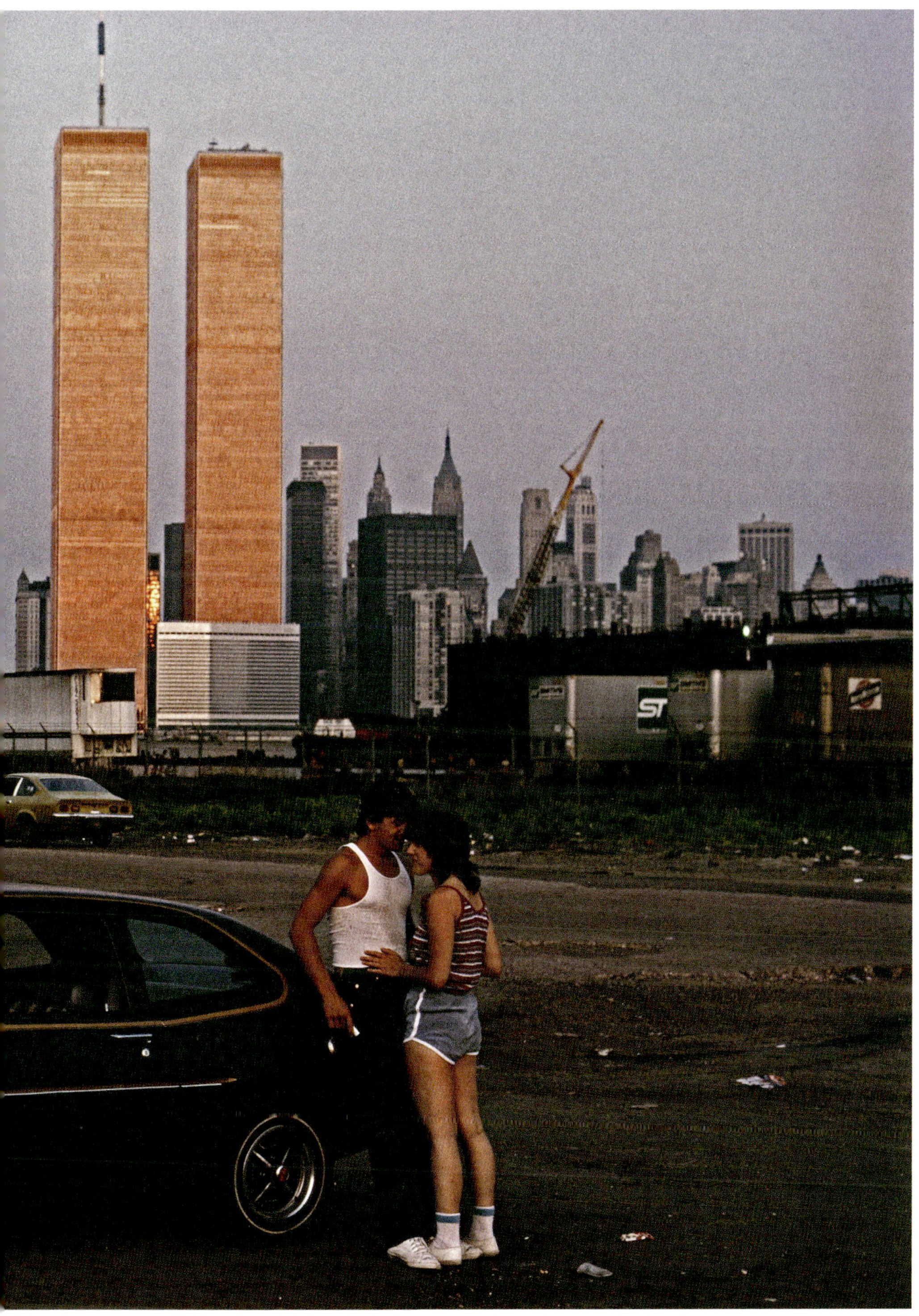
ST

Unsere Augen sind fehlbar

BLOGJOSH, PHOTOS AS FALSE REPRESENTATION,
SEPTEMBER 15, 2006[1]

Michael Diers

Ereignis Bild. Fotografie, Politik und (Be-)Deutung

Über Thomas Hoepkers Fotografie *Blick von Williamsburg, Brooklyn, auf Manhattan, 11. September 2001*

1.

„Sie schauen nicht einmal hin“ – Am 24. November 2005 wurde im Münchner Stadtmuseum eine Retrospektive des Magnum-Fotografen Thomas Hoepker eröffnet.[2] Die umfangreiche Schau würdigte das fünfzigjährige Schaffen des 1936 in München geborenen, in New York residierenden Fotoreporters, der sich selber als „Bilderfabrikant“[3] bezeichnet hat. Aufnahmen aus aller Welt waren in der Ausstellung versammelt, die anschließend auch in Hamburg und Berlin zu sehen war, darunter insbesondere jene im Bild fixierten „stillen Dramen des Alltags“, die für das Werk des Fotografen typisch sind. Deutlich ragte in der Berichterstattung und öffentlichen Wahrnehmung allerdings die Farbfotografie mit dem Titel *Blick von Williamsburg, Brooklyn, auf Manhattan, 11. September 2001* (Tafel 1) aus dem rund 200 Bilder umfassenden Konvolut heraus. Die Darstellung von fünf jungen

Leuten auf einer Terrasse am East River vor der Hochhauskulisse New Yorks, die von der Rauchsäule der Twin Towers wie durch ein Menetekel ge(kenn)zeichnet ist, wurde rasch zum vielfach reproduzierten Leitmotiv. Zu diesem Erfolg hat die Wiedergabe auf dem Katalogumschlag ebenso beigetragen wie der Umstand, dass die Aufnahme den Bilderreigen des Buches prominent eröffnete. Inzwischen erscheint die Fotografie unter dem Stichwort „Hoepker" stets als allererster Nachweis im Google-Bilderdienst und ist zum Markenzeichen ihres Autors avanciert. Diese Sonderstellung ist im Übrigen der ästhetischen Prägnanz und historischen Signifikanz der Aufnahme geschuldet – ein Geschichtsbild von ebenso auffälliger wie verstörender „Schönheit", das eine Handvoll Jugendliche als Augenzeugen eines „Weltuntergangs" bei hellem Sonnenschein zeigt. Der räumliche Abstand, den das Bild zwischen Vorder- und Hintergrund, zwischen Genreszene und Katastrophe markiert, scheint auf eigentümliche Weise mit jener zeitlichen Distanz amalgamiert zu sein, die das aktuelle Geschehen des Jahres 2001 unterdessen zur Historie hat werden lassen, so dass sich, sollte man denken, „in Ruhe" über den erschütternden Gegenstand reflektieren lässt.

Im Zuge der Retrospektive hat Hoepkers Fotografie in Deutschland und anschließend vor allem in den USA allerdings für Diskussionen und Aufsehen gesorgt.[4] Ausschlaggebend für das Interesse war dabei nicht zuletzt die Tatsache, dass das Bild zuvor nie zu sehen war. Der Fotograf selbst hatte es bis dato nicht gezeigt, weil es ihm in den Tagen und Wochen nach den Anschlägen auf das World Trade Center angesichts der allgemeinen nationalen Erregung wegen der idyllenhaften Züge für eine Publikation nicht geeignet schien. Erst im Rahmen der Vorbereitung der Münchner Schau kam das Bild wieder zum Vorschein und schließlich – mit der für eine der Aktualität verpflichteten Dokumentaraufnahme außergewöhnlichen Verspätung von viereinhalb Jahren – zur Ausstellung und damit erstmals an die Öffentlichkeit.

Die deutsche Presse hat Hoepker zu seiner Aufnahme gratuliert und sie zum Signum der Epoche erhoben. So hieß es in der *Frankfurter Allgemeinen Zeitung*, dem Fotografen sei „vielleicht die beklemmendste Aufnahme der Katastrophe" gelungen. An eine kurze Beschreibung schließt sich eine folgenreiche Deutung des Bildes an:

> „An einem Aussichtspunkt am anderen Ufer des East River fotografiert er [Hoepker] fünf Jugendliche, die unbekümmert in der Sonne sitzen und miteinander plaudern, während hinter ihnen die Stadt in Schutt und Asche fällt – *sie schauen nicht einmal hin*. Es ist ein beklemmendes Bild, weil es die Nachfrage der Medien nach spektakulären Hinguckern erfüllt, ohne selbst nach der Sensation zu heischen. Vielmehr stellt Höpker die Frage, wie dramatisch ein Foto heute konstruiert sein muß, wenn manchen Betrachter selbst die grausige Wirklichkeit ungerührt läßt."[5]

Der Verfasser betont die Diskrepanz zwischen dem tragischen (Welt-)Geschehen auf der einen und der scheinbar unbeteiligten Haltung, ja Gefühllosigkeit der Dargestellten, die als innerbildliche *Nicht*-Betrachter apostrophiert, ja, beinahe diskriminiert werden, auf der anderen Seite. Möglich, dass diese Interpretation auch durch den Pressetext der Ausstellung angeregt oder auf Interviews mit dem Autor zurückgeht; mit dem Bild selbst hat diese Einschätzung, wie zu zeigen sein wird, nur bedingt zu tun.

2.

„*Political photography*“[6] – Über Deutschland und das Begleitbuch zur Ausstellung wurde Hoepkers *Blick von Williamsburg* auch in den USA bekannt. Am 10. September 2006, am Vorabend des fünften Jahrestags der Anschläge auf die Twin Towers, erschien unter der Überschrift „Whatever Happened to the America of 9/12“ in der *New York Times* ein Artikel des Gastkommentators Frank Rich, der seinen Landsleuten, insbesondere der amtierenden Regierung, die Leviten liest, weil sie aus der Katastrophe kaum etwas gelernt, geschweige denn, wie in den Tagen danach mit Nachdruck beschworen, sich dem allgemeinen Bewusstsein wie den moralischen Grundsätzen nach gewandelt hätten. Wie üblich habe man sich beeilt, rasch wieder zur Tagesordnung überzugehen. Er nennt die Aufnahme ein „taboo photo“ und sucht anschließend an diesem Beispiel seine These von der mangelnden politisch-moralischen Neuorientierung der USA ausführlicher zu explizieren:

> „Mr. Hoepkers Foto ist jetzt in David Friends beeindruckendem 9/11-Buch *Watching the World Change* zu finden,

oder auf der Website zum Buch, *watchingtheworldchange.com*. Es zeigt fünf befreundete junge Leute an der Uferpromenade in Brooklyn, sie scheinen Mittagspause zu machen oder Rast auf einer Radtour, genießen die strahlende Spätsommersonne und unterhalten sich, während Manhattan im Hintergrund von Rauchkaskaden verschlungen wird.

Hoepker fand die von ihm Fotografierten verstörend. ‚Sie waren völlig entspannt, wie an einem ganz normalen Nachmittag', erzählte er Friend. ‚Möglicherweise haben sie Menschen verloren und es hat sie beschäftigt, aber es hat sie nicht erschüttert.' Der Fotograf ließ das Foto nicht veröffentlichen, ‚das brauchten wir nicht zu sehen, damals.' Er fürchtete, ‚es würde die falschen Emotionen auslösen.' Er stellte jedoch fest, ‚mit der Zeit, aus der Perspektive hat es an Bedeutung gewonnen'.

Aus der Perspektive des 5. Jahrestags von 9/11 betrachtet, ist Hoepkers Foto prophetisch und bedeutsam – Schnappschuss einer bald einsetzenden Geschichte. Was er festhielt, war dies: so traumatisch der Angriff auf Amerika war, 9/11 rückte für viele rasch in den Hintergrund. Dies ist ein Land, das vorankommen will, und das schnell. Die jungen Leute auf Hoepkers Foto sind nicht unbedingt gefühllos. Sie sind schlicht amerikanisch. In den fünf Jahren seit den Angriffen erklärt die Fähigkeit der Amerikaner, den Staub abzuschütteln und weiterzumachen, was gut gelaufen und was schief gelaufen ist auf unserem Weg in die Gespaltenheit und Mutlosigkeit, in der sich unsere Nation heute befindet."[7]

Der Artikel verweist auf das ebenfalls 2006 erschienene Buch von David Friend, *Watching the World Change*[8] und auf die Internet-Homepage seines Verfassers. Eben dort ließ sich die Aufnahme, die damals in den USA noch kaum jemand hatte zur Kenntnis nehmen können, nur einen Mausklick entfernt leicht finden und in Augenschein nehmen – aber eben auch nur dort, wo im Licht und Schutz einer Öffentlichkeit abseits des publizistischen Mainstream immer häufiger schwierige Debatten geführt werden.

Der *New York Times*-Artikel ist auf heftige Kritik gestoßen, nicht zuletzt wegen der meinungspolitischen Indienstnahme der Hoepker'schen Aufnahme, die zwar auf dem Umweg über das Internet bald vor aller Augen stand, bis heute aber in den US-Printmedien nicht im Druck erschienen ist.[9] Spätestens durch die Verknüpfung mit der Agenda eines prominenten Opinion Leader war die Hoepker'sche Fotografie in ein politisches Fahrwasser geraten, aus dem es kein Entkommen gab. Das Klischee, die jungen Leute im Bild repräsentierten eine durch übereifrigen (Medien-)Konsum abgestumpfte, gefühllose Generation, scheint der Rezeption als Variante besonders willkommen gewesen zu sein. Man wird fragen müssen, worauf sich diese Sicht innerhalb des Bildes stützt und ob sie nicht vielmehr als *Vor*stellung in der Art eines Vorurteils, das heißt von außen an die Darstellung herangetragen worden ist.

Binnen einer Woche nach Erscheinen des *New York Times*-Kommentars entspann sich eine vielstimmige Debatte aus Artikeln und Leserzuschriften in Zeitungen und auf Internet-Plattformen. Als einer der Ersten meldete sich David Plotz, stellvertretender Herausgeber des Online-Magazins

Slate.com, unter der Überschrift „Frank Rich is Wrong About that 9/11 Photograph: Those New Yorker weren't relaxing!" am 12. September zu Wort. Zugleich stellte der Redakteur das Bild, das er sich von der Fotoagentur „Magnum" eigens erbeten hatte, ins Netz. Entschieden widerspricht er in seinem Beitrag der Deutung seines *New York Times*-Kollegen, indem er schreibt:

> „Fragen Sie sich: was tun die fünf Leute da draußen am Ufer überhaupt? Glauben Sie wirklich, wie Rich suggeriert, sie machen ‚Mittagspause oder Rast auf einer Radtour'? Natürlich nicht. Sie kamen an diese Stelle, um dem Lauf der Geschichte ihres Landes zuzuschauen und in einer Zeit nationalen Notstands zusammen zu sein. Außer zu Ground Zero zu eilen und Leichen auszubuddeln, wie viel patriotischer und betroffener hätten sie sein können?
>
> Sie drehten Manhattan also für eine Sekunde den Rücken zu. Eine schöne Metapher, die Rich ausschlachtet, aber ein billiger Trick. An diesem Bild ist nichts ‚schockierend'. Diese New Yorker haben sich nicht von Manhattan abgewandt, weil sie sich von 9/11 abwandten. Sie haben sich von Manhattan abgewandt, weil sie sich einander zuwandten, um sich zu trösten und zu diskutieren."[10]

Mit dieser Stellungnahme ist die Kontroverse, die sich wenig später in der Formel „callous douchebags [sorglose Deppen] or concerned citizens [betroffene Bürger]"[11] zugespitzt und niedergeschlagen hat, programmatisch eröffnet worden. Am Ende seines Artikels fragt der Autor von *Slate.com*, ob sich nicht die Abgelichteten selbst vielleicht äußern möchten, nicht zuletzt um gegebenenfalls der einen oder anderen verlauteten Meinung zu widersprechen.

Tatsächlich haben sich zwei der Dargestellten umgehend zu Wort gemeldet. Als Erster hat sich Walter Sipser, ein Künstler aus Brooklyn, zu erkennen gegeben und seine Identität per Blow-up-Montage unter Beweis gestellt (Abb. 3): „It's *Me* in That 9/11 Photo“ lautet die redaktionelle Überschrift:

> „Auf einem Schnappschuss können Trauernde bei einer Beerdigung aussehen, als feierten sie eine Party. Thomas Hoekper hat ein Foto gemacht, auf dem meine Freundin und ich am 11. September vor dem Hintergrund der rauchenden Ruinen des World Trade Center mit Fremden zusammensitzen und reden. Zuvor hatten sie und ich von meiner Dachterrasse in Brooklyn aus die Türme einstürzen sehen und wir hatten uns zur Uferpromenade durchgeschlagen. Auf der Williamsburg Bridge drängten sich viele hundert Menschen, mit Staub bedeckt, die sich gegenseitig halfen, zur Straße zu gelangen. Es war klar, dass Menschen, die normalerweise keine zwei Worte miteinander wechseln würden, plötzlich füreinander einstehen, was, glaube ich, ziemlich häufig vorkommt nach einer Katastrophe.
>
> Wir waren zutiefst geschockt und fassungslos, wie alle anderen, denen wir an jenem Tag begegneten. Thomas Hoepker hat nicht gefragt, ob er uns fotografieren darf, er hat auch keinen Versuch unternommen, unsere Gemütslage zu erkunden, bevor er fünf Jahre später folgerte, ‚möglicherweise

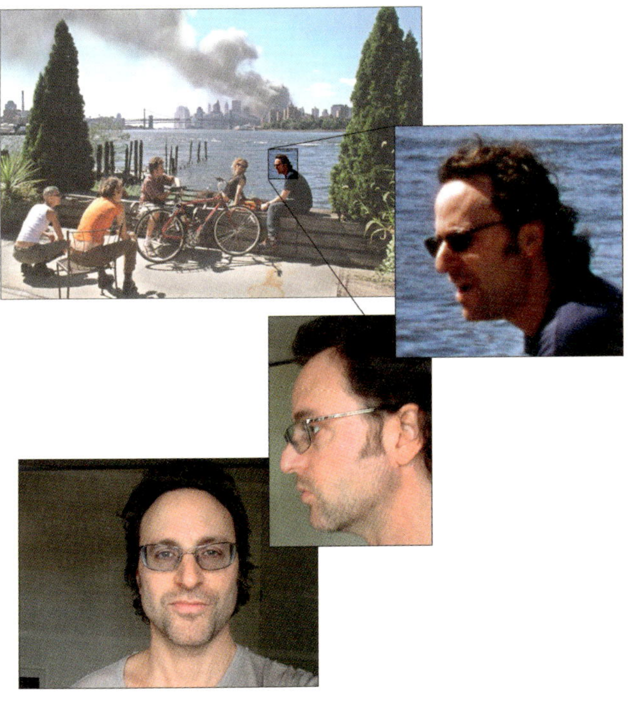

3. Walter Sipser, „It's Me in That 9/11 Photo", 13. September 2006, Screenshot

haben sie Menschen verloren und es hat sie beschäftigt, aber es hat sie nicht erschüttert.' Wäre Hoepker fünfzig Schritte herübergekommen, um sich vorzustellen, hätte er eine Gruppe New Yorker angetroffen, die gerade lebhaft darüber diskutierte, was soeben passiert war. Er beschloss stattdessen, das Foto zu veröffentlichen, mit dem er die Schlussfolgerungen ziehen konnte, die er ziehen wollte, Schlussfolgerungen, die auch Frank Rich bewogen zu schreiben, ‚Die jungen Leute auf Mr Hoepkers Foto sind nicht unbedingt gefühllos. Sie sind schlicht amerikanisch.' Eine ehrlichere Schlussfolgerung würde vielleicht mit dem

> Eingeständnis beginnen, wie leicht sich ein Foto manipulieren lässt, besonders, wenn es die eigenen Vorurteile bestätigt oder der eigenen Karriere dient."[12]

Am nächsten Abend ging bei der Redaktion eine weitere Stellungnahme ein: Chris Schiavo, Kunstfotografin und Filmemacherin,[13] damals Freundin von Walter Sipser, ergänzt dessen Ausführungen und fügt weitere Vorwürfe gegen den Kolumnisten und den Fotografen an:

> „Ich bin eine der ‚ungerührt in der Sonne sitzenden jungen Leute' auf dem Foto: Ich denke, Walter Sipser und Ihre Leser haben schon das meiste zur Sprache gebracht, das es zu bedenken gilt, wenn man sich dieses Foto in Verbindung mit dem *New York Times*-Artikel anschaut. Auch ich bin professionelle Fotografin und habe die Kamera an jenem Tag nicht angefasst. Warum? Aus vielen Gründen, einschließlich eines jetzt offensichtlichen: diese einigermaßen zynische Behauptung einer mutmaßlichen Wirklichkeit, abgedruckt in der *New York Times*, ist Beleg für einen guten Grund. (Mr. Rich und Mr. Hoepker sollten sich schämen – man soll niemals Vermutungen anstellen). Aber vor allem wollte ich beide Hände frei haben für den Fall, dass ich etwas tun konnte, [...] ich wollte jede Nanosekunde in jedem Molekül meines Körpers erleben, statt eine Linse zwischen mich und den Moment zu schieben. (Klingt ziemlich ‚gefühllos', wie?) Ich halte mich auch strikt an das Prinzip, nie ein Photo von jemandem zu machen ohne dessen Erlaubnis oder Kenntnis meiner Absicht."[14]

Am 14. September ist schließlich Thomas Hoepker selber via *Slate Magazine* an die Öffentlichkeit getreten. Wie für die übrigen Beiträge auch, wurde für die Formulierung der headline eine Art Bekennerschreiben-Modus gewählt: „*I* took that 9/11 Photo". Über seinen Foto-Stopp im Süden Brooklyns heißt es:

> „Irgendwo in Williamsburg sah ich aus dem Augenwinkel eine fast idyllische Szene in der Nähe eines Restaurants – Blumen, Zypressen, eine Gruppe junger Leute saß in der hellen Sonne dieses strahlenden Spätsommertags, während im Hintergrund die dunkle, dicke Rauchwolke aufstieg. Ich stieg aus dem Auto, machte drei Bilder von der *scheinbar* friedlichen Szene und fuhr schnell weiter, in der Hoffnung/Angst, näher an das unvorstellbare Grauen an der Spitze von Manhattan heranzukommen."[15]

Der Artikel schließt mit den Worten:

> „Ich glaube, das Foto hat viele Menschen berührt, gerade weil es bei aller sonnendurchfluteten Schärfe diffus und ambivalent bleibt. An jenem Tag vor fünf Jahren kam der nackte Horror nach New York, hell und bunt wie ein Hitchcock-Film. Und die einzige Wolke am Himmel war das unheimliche, erste Rauchzeichen einer neuen Ära."[16]

Es sollte nicht die letzte Stellungnahme Hoepkers bleiben. Die Debatte breitete sich rasch in der Presse und vor allem im Internet aus. Bald wurden auch sehr zynische Stimmen laut.

Hierzu gehört ein über Photoshop und „fauxtography" räsonierender Artikel aus der Feder des Kunst- und Fotokritikers Richard B. Woodward im *Wall Street Journal* vom 19. September. Der Autor wirft dem Fotografen wie dem *New York Times*-Kollegen eine simplifizierende Lesart des Fotos vor, die nur darauf abgestellt sei, aus der „entspannten" Haltung der Protagonisten auf den Inhalt ihrer Unterhaltung zu schließen. Bilder, so der Autor, seien oft mehrdeutig, daher tendierten sie ohne eine Beischrift, die kläre, wer, was, warum, wo und wann, dazu, „in der unergründlichen Versenkung zu verschwinden":

> „Thomas Hoepker hielt das Foto von den ‚ungerührten' New Yorkern vier Jahre lang zurück, weil es, wie er sagte, die Wut und das Leid, das er und Millionen an jenem Tag empfanden, nicht zum Ausdruck brachte. *Das Bild entsprach nicht dem gültigen Narrativ des Geschehens.* [...] Nach einiger Zeit jedoch nahm sich Hoepker das Bild nochmal vor und evaluierte es neu. [...] Nach der Neubewertung angesichts aller anderen, weniger ambivalenten Fotos von diesem Tag glaubt er, es habe ‚an Bedeutung gewonnen'. Zu diesem Zweck unterzog er es einem mentalen Photoshopping, so dass es jetzt passgenau zu einer zeitgemäßeren Storyline über die Schuld dieser Nation am Welt-Unbehagen gehört. Die deutsche Presse hat das Foto breit veröffentlicht, offensichtlich in der Absicht, wie Frank Rich, die Amerikaner für ihren Hedonismus und ihr kurzes Gedächtnis zu tadeln. Komisch, aber ich kenne nicht viele New Yorker, die 9/11 hinter sich gelassen haben, und ‚schnell' schon gar nicht. Thomas Hoepker mag die Ausnahme sein."[17]

Hoepkers neuerliche Erwiderung verwahrt sich gegen die ihm unterstellten Intentionen. Es sei vielleicht ein grundsätzlicher Fehler gewesen, überhaupt zu seinem Foto Stellung zu nehmen. Fotojournalisten sollten wie Künstler nicht versuchen, ihre eigene Arbeit zu interpretieren. In diesem Fall habe es sich aus diversen Gründen allerdings nun einmal ergeben, so dass er nun damit leben müsse:

> „Jetzt bin ich sehr froh, dass wir genau wissen, was damals Sache war, nachdem Mr. Sipser und Ms. Schiavo sich gemeldet und als zwei der Personen auf dem Foto zu erkennen gegeben haben. Tatsächlich schreiben sie, dass sie heftig über das grauenhafte Geschehen diskutiert haben und ‚zutiefst schockiert und fassungslos' waren. Ich habe nicht den geringsten Zweifel, dass dem so ist. Ms. Schiavo schreibt auch: man soll niemals Vermutungen anstellen. Ganz meine Meinung."[18]

Am 2. November 2006 veröffentlichte das Magazin *Photo District News* schließlich Interviews mit Hoepker sowie der „Hauptdarstellerin" seiner Aufnahme, Chris Schiavo. Auf die im vorliegenden Zusammenhang zentrale Frage, ob sie sich an die Gespräche an diesem Tag erinnere, antwortet sie:

> „Er [d. h. der Radfahrer im Bild] kam völlig verwirrt hier an, deshalb informierten wir ihn. Wir sprachen auch darüber, was es möglicherweise sein könnte, und jeder erzählte jedem, was er oder sie gehört hatte. [...] die Diskussion ging auch darum, dass es seltsam war, dass der Körper,

> wenn an einem so schönen Tag wie diesem etwas Schreckliches geschieht, beide [Sachlagen] registriert. Wir hatten alle das Gefühl: wie konnte das an einem so schönen Tag geschehen?“[19]

Wenn diese Ausführungen denn überhaupt beglaubigt werden müssten, so kann es durch das Bild selbst geschehen. Dieses spricht zwar, wie man so sagt, nicht Bände, im Gegenteil, es schweigt sich geradezu aus, aber es *zeigt* doch sehr viel – viel mehr jedenfalls als der erste US-Kommentator und selbst sein Autor darin erkannt haben.

3.

„To bear witness“ – Im Folgenden soll die Perspektive gewechselt und die Entstehung des in Betracht stehenden „machtvollen“ Bildes („powerful image“)[20] rekonstruiert werden. Zunächst sei der äußere Hergang skizziert: Die Aufnahme entstand um die späte Mittagszeit des 11. September. Thomas Hoepker hatte durch einen Anruf einer Kollegin beim Frühstück vom ersten Anschlag auf den Nordturm der Twin Towers, der um 8:46 Uhr Ortszeit erfolgt war, erfahren und war, nach einem kurzen Blick in den Fernseher, aus seiner Wohnung in der 63. Straße auf der Upper East Side aufgebrochen, um in die Nähe des Geschehens zu gelangen.[21] Die U-Bahn war bereits blockiert, so dass er in seinen Wagen stieg, um via Second Avenue Richtung Süden zu fahren. Da hier aufgrund dichten Verkehrs und bereits erfolgter Absperrungen kein

Durchkommen war, wählte er den großen Umweg über die nahe gelegene Queensboro Bridge und damit die Fahrt via Queens und Brooklyn, um über die Manhattan Bridge den Unglücksort zu erreichen, der heute Ground Zero heißt. Unterwegs hielt er einige Male an und steuerte Richtung East River, um vom Ufer aus den Blick nach Manhattan hinüber zu prüfen, das heißt einen geeigneten Standpunkt für eine erste Aufnahme zu finden. So gelangte er auch nahe der Williamsburg Bridge zu einem kleinen italienischen Restaurant namens „Giando On The Water", auf dessen Gartenterrasse die gezeigte Szene spielt. Das Restaurant hat täglich ab 12 Uhr mittags geöffnet und ist insbesondere wegen des fulminanten Panoramas, das vom Süden bis zum Empire State Building reicht, als Treff- und Aussichtspunkt beliebt.

Hoepker nutzte den unbehinderten Blick, der sich von dort aus schräg über den Fluss hinweg Richtung Wall Street District bot. Dass ihm darüber hinaus durch die Gruppe junger Leute eine ideale Staffage ins Bildfeld geriet, war dem (glücklichen) Zufall geschuldet. Die Frage, inwieweit die beiden Szenen im Vorder- und Hintergrund aufeinander bezogen waren, stellte sich im Augenblick der Aufnahme vermutlich nicht.[22] Dass niemand aus der Gruppe den Fotografen bemerkt hat, wiewohl dieser nicht weit von ihr entfernt gestanden haben muss, lag vermutlich daran, dass man sich in einer angeregten Diskussion nicht unterbrechen lassen wollte. Nach dieser Stippvisite am Ufer ist Hoepker weiter Richtung Manhattan Bridge gefahren. Da die Brücke jedoch längst gesperrt und von flüchtenden Menschen überfüllt war, musste sich der Fotograf zu Fuß weiterbewegen. Dabei sind Aufnahmen entstanden, die das Inferno von der Manhattan Bridge aus zeigen, darunter allerdings keine, die vergleichbar dichotomisch strukturiert sind wie der *Blick von Williamsburg*.[23]

Am nächsten Morgen suchte Hoepker das Büro von „Magnum Photos" in Chelsea auf, um mit den Kollegen, die sich aus Anlass einer gemeinsamen Konferenz in großer Zahl in der Stadt aufhielten und im Übrigen alle auf ihre Weise versucht hatten, das Ereignis zu dokumentieren, die Bilderfülle zu sichten und darüber zu beraten, wie mit den Fotografien über den üblichen Vertrieb hinaus verfahren werden könnte.[24] Man kam bereits am folgenden Tag überein, möglichst rasch ein Buch zu machen, in welchem die besten und „geeignetsten" Fotos Platz finden sollten. Hoepker wurde zum verantwortlichen Herausgeber bestimmt.

In dem noch im selben Jahr publizierten großformatigen Bildband, in dem unter anderem Raymond Depardon, Paul Fusco, Eli Reed, Dennis Stock, Gilles Peress und Alex Webb mit Aufnahmen vertreten sind, findet sich auch ein Statement des Herausgebers, in dem er eine kurze Reflexion über den Status von Dokumentaraufnahmen und die Kriterien der Auswahl anstellt; darin heißt es:

> „Ich glaube fest an die Dokumentarfotografie, daran, das reale Leben zu fotografieren. Als ich mir die Bilder unserer Fotografen ansah, waren wunderbare oder raffinierte Kompositionen darunter, aber sie unterstrichen die Kunst der Fotografie anstatt die Geschichte zu erzählen. Wir haben diese Bilder nicht ins Buch aufgenommen. Ich finde, sie gehören nicht in dieses Buch, weil sie dessen Zweck nicht

> dienen, der darin besteht, Zeugnis abzulegen. In einem Moment wie diesem muss man sehr demütig sein. Wenn etwas Derartiges passiert, gibt es keine adäquate Reaktion auf die Monstrosität des Geschehens."[25]

Da Hoepkers Williamsburg-Aufnahme nicht in das Buch aufgenommen wurde, lässt sich fragen, ob sie ebenfalls der strengen Unterscheidung zwischen einer eher narrativ-dokumentarischen, illustrativ-dienenden Fotografie und eines eher die fotografische Virtuosität inszenierenden Bildes zum Opfer gefallen ist. Möglich, dass diese kategoriale Differenz eine Rolle gespielt hat. In David Friends bereits erwähntem Buch wird Hoepker auf der Basis eines (Telefon-)Interviews mit Erläuterungen zur Frage, warum das Foto zunächst aussortiert wurde und so lange im Verborgenen blieb, mit folgenden Überlegungen zitiert:

> „Es kam an die Dramatik der anderen Aufnahmen nicht heran [...] Es war zu subtil für die aktuellen Nachrichten. Damals stürzte man sich auf die naheliegenden [Fotos]. [...] Es ist ein beunruhigendes Foto [...]. Die Sonne schien. Sie [wirkten] völlig entspannt, wie an einem ganz normalen Nachmittag. Sie plauderten vor sich hin. Möglicherweise haben sie Menschen verloren und es hat sie beschäftigt, aber es schien sie nicht zu erschüttern. Das Idyllische stieß mich ab. *Es war zu schön.* Vielleicht brauchten wir das nicht zu sehen, damals. Vielleicht war ich nicht sicher, ob es [im Betrachter] nicht die falschen Emotionen auslösen würde. Mit der Zeit, aus der Perspektive, hat es an Bedeutung

> gewonnen. Es ist ein sehr zeitgemäßes Bild: vorn die bunten Farben, [aber] es hat etwas Neutrales, eine Coolness, ein wenig Distanz zum Leid und dem Misstrauen gegenüber Gefühlen."[26]

Die dokumentarische Fotografie einer Katastrophe: der ästhetischen Qualität nach zu „schön", um im Augenblick höchster patriotischer Gefühle „wahr" sein zu können – eine Paradoxie, die offenbar im Sinne eines „double bind" bei einigen Interpreten, darunter auch der Fotograf, zu einer Trübung des Blicks geführt hat.

4.

„*Sine ira et studio*" – Man sehe sich das Bild nach dem Lessingschen *Laokoon*-Grundsatz, dass die Werke der bildenden Kunst, auch wenn sie sich gattungsbedingt in ihrer Darstellung nur auf einen einzigen Augenblick konzentrieren können, nicht nur erblickt, sondern „lange und wiederholtermaßen betrachtet" werden wollen, noch einmal genauer an: Vor der Kulisse des East River und der Südspitze Manhattans zeigt es auf einer Gartenterrasse eine Gruppe von fünf in ein Gespräch vertieften jungen Leuten. In der Ferne zeichnen sich Richtung Horizont als Silhouetten einander überschneidend und topographisch markant die Manhattan und die Brooklyn Bridge ab. Aus dem gegebenen Blickwinkel lässt sich auch der in helles Sonnenlicht getauchte Ort des Geschehens im Vordergrund annähernd bestimmen – eine Szene nahe der Williamsburg

Bridge in Brooklyn.[27] Zwei große, dunkelgrüne Koniferen oder Zypressen schließen mit ihrer Kegelgestalt die Gesprächszene eng zusammen und rahmen zugleich den Blick auf den Strom und den Prospekt der Stadt vis-à-vis als Bild-im-Bild. Deutlich ist das Querformat in eine vordere Raumbühne, auf der die Protagonisten agieren, sowie die Folie des Mittel- und eng angrenzenden Hintergrundes unterteilt. Darüber hinaus lassen sich dem Bildaufbau nach mit Terrasse, Fluss und Himmelsstreifen, der zugleich das Agglomerat der Wolkenkratzer in sich einschließt, drei waagerecht gestaffelte Zonen unterscheiden, die durch leicht schräg zueinander verlaufende Kompositionslinien gekennzeichnet sind und das Gleichgewichtsgerüst der Aufnahme bilden. Diagonal dazu verläuft, die Raumtiefe akzentuierend, von links Richtung Bildmitte das pittoreske Staket eines verfallenen Bootssteges oder einer Bühne. Ihm antwortet in der oberen Zone ein dunkler Rauchschwaden, der aus der Mitte der Häuserversammlung am anderen Ufer aufsteigt, den Strom quert und den linken Bildrand streift. Auf seinem Weg aus der Tiefe Richtung Vordergrund verklammert er die drei Pläne des Bildes. Die Reihe der Pfähle und Planken im Wasser und der künstliche Wolkenzug summieren sich zu einem imaginären Pfeildreieck, das die horizontale Gliederung vektorgleich durchdringt und wie ein Richtungsanzeiger den Weg zu der im Bild selbst unsichtbar bleibenden Quelle weist, aus welcher der Rauch aufsteigt.

Das helle Licht eines Spätsommertages prägt den Eindruck einer Idylle. Die kurzen Schatten, welche die Personen und das in der Bildmitte abgestellte Fahrrad werfen, datieren die

Aufnahme der Tageszeit nach auf den sehr frühen Nachmittag. Farblich dominiert ein Licht- und Türkisblau das Bild, von dem sich auf der vorderen Ebene insbesondere der helle Estrich der Terrasse und die weiß und orange leuchtenden Hemden der beiden Rückenfiguren links belebend abheben.

Die handelnden Protagonisten sind in *drei* Gruppen gegliedert: Den beiden Frauen links sind die drei an beziehungsweise auf der Brüstung sitzenden Personen gegenübergestellt. Dem Nexus der Beziehungen nach scheint der Mann im karierten Hemd, der auf der Bank Platz genommen hat und dem offenbar auch das Fahrrad gehört, als „Einzelgänger" aufzutreten, während die beiden Zweiergruppen, wie die Positionen zueinander sowie Parallelen in der Kleidung und bei den Accessoires zeigen, untereinander jeweils freundschaftlich verbunden zu sein scheinen. Dass es sich insgesamt um einen (klassischen) Freundeskreis handelt, ist eher ausgeschlossen; der Körpersprache und dem Szenenarrangement nach liegt vielmehr eine zufällige Begegnung von drei Parteien nahe – die beiden Frauen in hellen Tanktops, khaki- und rostfarbenen Sporthosen und Schnürstiefeln, der Fahrradfahrer sowie das Paar auf der Brüstung. Der Mann in Jeans, blauem T-Shirt und Sportschuhen, der eine Tasche oder einen Rucksack vor sich abgelegt hat, hat im Augenblick das Wort ergriffen, die übrigen wenden sich ihm aufmerksam zu. Wovon die Rede ist, lässt sich nur mutmaßen, allerdings apostrophiert das Bild ausreichend und prominent jenes visuelle Element, das auf den historischen Zusammenhang des 11. September 2001 verweist – das grauschwarze Wolkenband der den strahlend blauen Himmel durchschneidenden Rauchfahne.

Bestimmt man die Sitz- und Körperhaltung des Paares auf den Holzplanken der Absperrung richtig, so lässt sich schließen, dass beide Personen kurz zuvor noch über den Fluss in Richtung des Qualms geblickt haben. Offenbar sind die drei anderen Passanten irgendwann hinzugetreten und es hat sich im Anblick der Katastrophe spontan ein Gespräch angebahnt. Allerdings, und dies kann überraschen, scheint auf den Gesichtern aller Beteiligten, den Radfahrer ausgenommen, ein leichtes, freundliches Lächeln zu liegen, das nicht zum Ernst der Lage passen mag. Hier bleibt die Aufnahme, ebenso wie in der scheinbar lässigen Körperhaltung der jungen Frau im Zentrum, uneindeutig. Und diese Ambiguität des mimischen Ausdrucks und des situativen Kontextes – Sonnenbaden im Angesicht einer Tragödie – hat es in den USA zum Gegenstand der Debatte über den Status, die Wahrheit und die Moral des Mediums Reportage- und Dokumentarfotografie und zu einem Bild werden lassen, das als „infamous image"[28] angeprangert worden ist.

Tatsächlich aber haben die fünf sogenannten Ausflügler dem Geschehen nicht einmal physisch den Rücken gekehrt. Denn löst man die Figuren nur geringfügig aus der fixierten Haltung, so müssen die Frauen im Vordergrund nur etwas den Kopf heben und nach links blicken und das Trio an der Brüstung den Kopf leicht nach links beziehungsweise rechts drehen, um die Katastrophe wieder in den Blick zu bekommen. Es genügt somit eine Kopfwendung, um sie auf das Hintergrundgeschehen, das im Vordergrund ihrer Gespräche steht, zurückzulenken und sie auf jene Rolle als Zuschauer eines geschichtsmächtigen Ereignisses zu verpflichten, wie sie

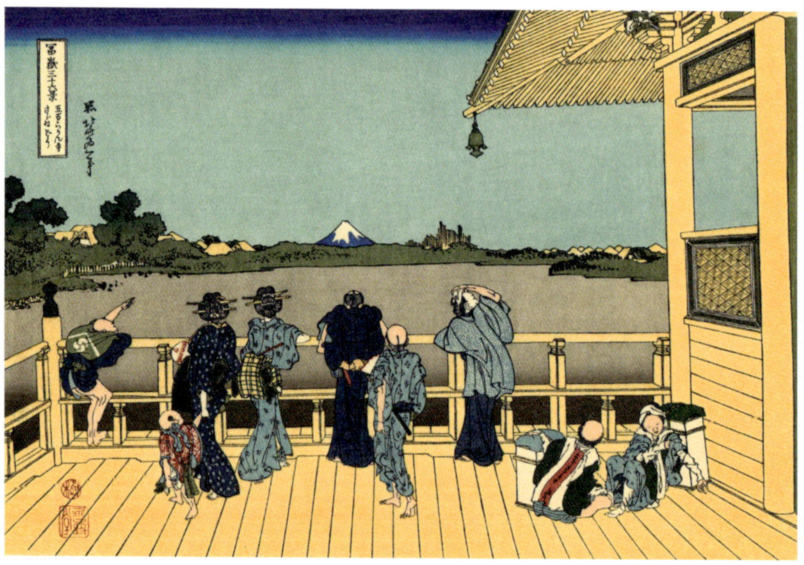

4. Hokusai, *Der Turban-Turm im Tempel der 500 Rakan*, Holzschnitt aus: *36 Ansichten des Berges Fuji*, um 1830

ihnen der Bildbetrachter offenbar als pflichtgemäße Parade zur eigenen Beruhigung abverlangt und wie sie in der Gestalt von Rückenfiguren in den Bildkünsten beinah schematisch abgehandelt werden kann. Aber man hat es hier eben nicht mit Staffage zu tun, die mehr oder weniger unverbindlich ins Bild einführt, sondern vielmehr mit Akteuren, zumindest mit untereinander Agierenden sowie (an-)teilnehmenden Beobachtern.

Gerade dieser Umstand zeichnet die Aufnahme aus. Denn deren formal wie inhaltlich springender Punkt, ihre leitende Idee oder ihr Konzept liegt gerade darin, in der Ab- und Gegenwendung des Kopfes der gezeigten Personen die Rolle des Betrachters und der Betrachtung überhaupt zum Thema des Bildes werden zu lassen und auf diese Weise zur Diskussion zu stellen. Verbunden damit ist zugleich die Frage nach den generellen Möglichkeiten einer Darstellung, einen innerbildlichen Diskurs über einen Gegenstand im Bild zu führen, an den wiederum der Betrachter *vor* dem Bild anschließen kann, indem er zwei Aspekte bedenkt, und zwar die gegebene bildinterne Spannung sowie die eigene Rolle eines Zuschauers, der eine Gruppe von Betrachtern beobachtet. Im Hin und Her zwischen Vorder- und Hintergrund kann er seine eigene Position ausloten. Durch diese doppelte Distanz, die innerhalb des Bildes dargebotene wie die von außen wahrgenommene, entsteht jener Zwischenraum, der sich für Reflexionen nutzen lässt. Auf diese Weise wird die Aufnahme zu einem philosophischen oder einem theoretischen Bild.

Die Fotografie zeigt kein Wegsehen, kein Ausweichen oder Gelangweiltsein angesichts des Geschehens am jenseitigen Ufer, sondern die aus der Irritation und Hilflosigkeit resultierende Notwendigkeit, sich über den Gegenstand, der zu diesem Zeitpunkt in seiner Tragweite noch gar nicht begriffen sein kann, den Kopf zu zerbrechen. Zu erwarten, dass die auf der Terrasse Versammelten ohne Unterlass und folglich auch im gegebenen Moment dorthin schauen, wo sich die Katastrophe gerade abspielt, resultiert offenbar aus der Annahme eines zwanghaft spektatorischen Verhaltens innerhalb eines skopischen Regimes, das nur noch Gaffer kennt – und ernst nimmt. Daher könnte eine der Provokationen des Bildes gerade darin liegen, dass die Beteiligten im Augenblick nicht nur nicht hinsehen, sondern noch nicht einmal fotografieren.

Nicht ausgeschlossen, dass ein in der Kunst- und Fotogeschichte geläufiges Dispositiv wie dasjenige der klassischen Rückenfigur zu einer solchen Erwartungshaltung beigetragen hat. Man denke nur an Hokusais berühmten Farbholzschnitt aus der Serie der *36 Ansichten des Berges Fuji*, der den Fernblick von einer Tempelterrasse aus übers Wasser auf den heiligen, als allgegenwärtiges Symbol der Ewigkeit verehrten Vulkanberg zeigt (Abb. 4). Die Hauptgruppe der fünf am Geländer stehenden Besucher wird über den Rücken gezeigt, die Mehrzahl in die Betrachtung versunken; links am Rand weist ein ausgestreckter Arm dem Blick unterstützend die Richtung, rechts wischt sich gerade ein Mann den Schweiß von der Stirn und am Rand setzen zwei Pilger ihr Gepäck ab, um sich gleich anschließend den Schaulustigen hinzuzugesellen. Rückenfiguren wie die gezeigten entsprechen dem Standardmodell eines Zuschauers im Bild; sie sind beinahe streng auf die Sensation im Mittelpunkt orientiert und fixieren darüber zugleich den Blick des Betrachters außerhalb des Bildes. Hokusais Touristen lassen den Berg, dem am Horizont rechts nur das moderne Edo-Tokioter Sägewerk am Tatekawa-Kanal optisch ein wenig Konkurrenz macht, nicht aus ihren Augen; die Aussicht und der Anblick fesseln sie.

Von Tokio-Edo zurück nach Brooklyn: Auch in der vorliegenden Kontroverse wurden von den Autoren Vergleichsbeispiele beigebracht, die diesem Schema weitaus eindeutiger entsprechen als Hoepkers Bild. Zum einen das Foto von George Torode (Abb. 5);[29] zum anderen die Aufnahme des ebenfalls in Brooklyn lebenden freien Fotografen William Lamson.[30] Die Frage, was die Portraitierten sich jeweils denken oder worüber sie sich gerade unterhalten, stellt sich in solchen Fällen nicht, weil das Personal jeweils in Richtung des Menetekels blickt und dadurch suggeriert wird, was ihm soeben durch den Kopf geht. Eine vergleichbare Richtschnur fehlt bei Hoepker; hier ist der geduldig sondierende, auf Details achtende Betrachter gefragt, nicht der flüchtige Blick, der meint, einem Schnappschuss nicht mehr Aufmerksamkeit zuwenden zu müssen als für sein technisches Zustandekommen erforderlich war.

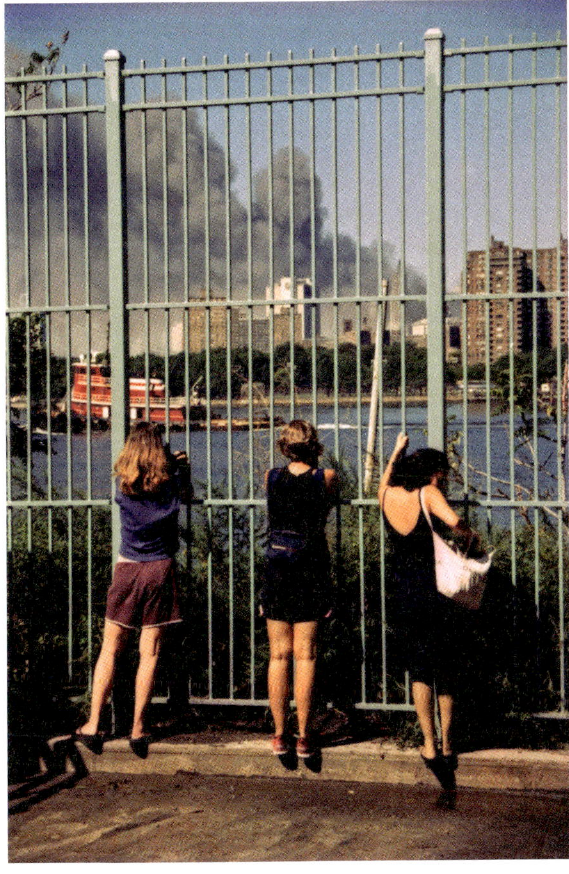

5. George Torode, *Three Girls Watching*, 2001, Fotografie

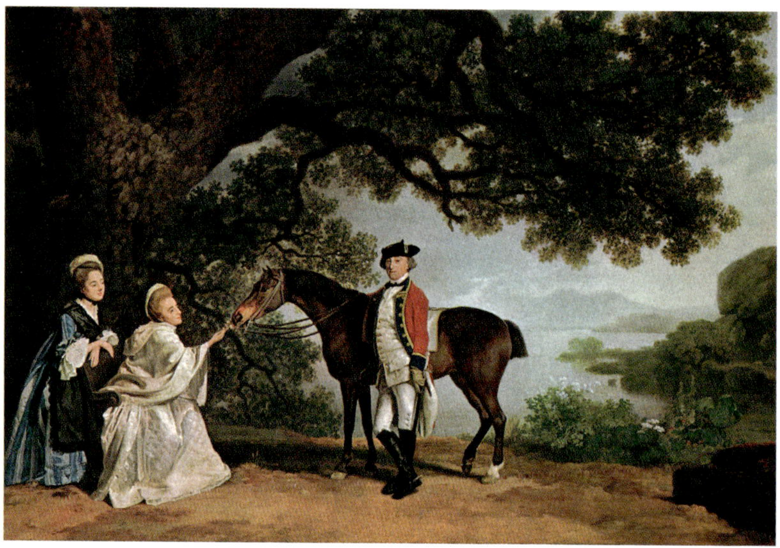

6. George Stubbs, *Colonel Pocklington with His Sisters*, 1769, Öl/Lwd., National Gallery of Art, Washington, DC

Hoepkers *Blick von Williamsburg* gehört, kunsthistorisch gesprochen, zur Gattung der Konversationsstücke (*conversation pieces*), die vor allem im England des 18. Jahrhunderts als bürgerliches Genre und Sonderform des Familien- und Gesellschaftsportraits reüssierte, bevor sie, wie Mario Praz dargelegt hat, schließlich von der Fotografie verdrängt worden ist.[31] Dabei war nicht zuletzt die Darstellung einer im Gespräch befindlichen Gruppe in und vor der Landschaft beliebt, wobei kommunikative Interaktion im Mittelpunkt steht, wie hier im angeführten Beispiel von George Stubbs (Abb. 6). Diesem Schema folgt auch das Hoepker'sche Gruppenportrait, mit dem auffälligen Unterschied, dass in diesem Fall der Betrachter außerhalb des Bildes keines Blickes gewürdigt wird und sich deutlich ausgeschlossen weiß.

Die Idee, es mit einem theoretischen oder auch, mit Aby Warburg zu sprechen, einem Denkbild zu tun zu haben, kommt nicht von ungefähr, und sie erwächst nicht allein aus der Konstruktion des Bildes, sondern zugleich aus der Historie, genauer der Geschichte einer Existenz-Metapher. Diese reicht, wie Hans Blumenberg in seiner Untersuchung *Schiffbruch mit Zuschauer* dargelegt hat, bis in die Antike zurück und wurde in zahlreichen Erzählungen im Topos der „Kontraposition von festem Land und unstetem Meer" und konkret in dem am Ufer auf sicherem Boden stehenden Zuschauer und dem in den Sturmfluten manövrierunfähig dahintreibenden Unglücksschiff ausgesponnen.[32] In dem Sinngedicht *Der Sturm* (1755) von Johann Joachim Ewald heißt es zum Beispiel: „Die Fluten sind auf Flut, und Wolk auf Wolk getürmt,/ Das Schiff zerscheitert itzt, und mir … ist nichts geschehn,/ Weil ich dem Sturme nur vom Ufer zugesehn." „Es ist wohl nicht ganz zufällig", so Blumenberg, „[…] daß Ewalds Gedicht ‚Der Sturm' 1755 entstanden ist, im Jahr des Erdbebens von Lissabon, das dem metaphysischen Optimismus […] ein Ende setzen sollte."[33]

Die Rolle des Zuschauers wird in der Folgezeit, die bald zur Französischen Revolution führen sollte, vielfach zwiespältig gesehen, als Flucht vor der Welt oder als legitime Position eines die Welt aus gebotenem Abstand – und folglich der Gefahr enthobenen – reflektierenden Betrachters. Bei Blumenberg heißt es über Hegels Gebrauch des genannten Topos: „Der Zuschauer kann sich [bei Hegel, im Angesicht der Katastrophe] von der *Empörung des guten Geistes* in ihm abwenden, ohne dadurch schon der Vernunft in Gestalt der

Frage nach dem Sinn der Opfer zugewendet zu sein. Er kann nämlich *auch in die Selbstsucht zurücktreten, welche am ruhigern Ufer steht und von da aus sicher des fernen Anblicks der verworrenen Trümmermasse genießt.*“[34] Es ist hier nicht der Ort, Blumenbergs Analyse dieses „Paradigmas einer Daseinsmetapher“ ausführlicher zu referieren, es muss der Hinweis genügen, dass die in Rede stehende Metapher auf eigene, das heißt zeitgemäße Weise in der Hoepker'schen Aufnahme signifikant und offenbar zwiespältig Bild geworden ist.

Dabei liegt die Verunsicherung oder auch Provokation vielleicht auch darin, dass die Fotografie dem Sujet (Sommerfrische) wie dem Aufbau nach (Parallel-Schichtung der drei Gründe) einem Standard der impressionistischen *plein air*-Malerei folgt, den das Gemälde *Jardin à Sainte-Adresse* von Claude Monet veranschaulichen kann (Abb. 7): Zwei Paare auf einer sonnenbeschienenen, zum Wasser hin durch einen Zaun abgeschrankten Terrasse, das türkisfarbene Meer und den lichtblauen Himmel vor Augen, am Horizont einige Rauchfahnen vorbeiziehender Dampfschiffe, alles gerahmt von zwei hohen Flaggenmasten und gesäumt von einer üppigen Blütenbeet-Girlande. Während Monet die gestaltete mit der ungestalteten Natur, den touristischen *hortus conclusus* mit der Weite des offenen Meeres und auf diese Weise die Nähe mit der Ferne konfrontiert und der Sensation des Lichtes huldigt, verschärft sich bei Hoepker der Kontrast durch die „vergrößerte“ herangezoomte Rauchsäule, der sich nun nicht mehr in ästhetisches Wohlgefallen und Kontemplation, oder, wie es bei Hegel psychologisierend heißt, in „Selbstsucht“ auflösen lässt – so sehr es auch den Anschein haben mag. Die

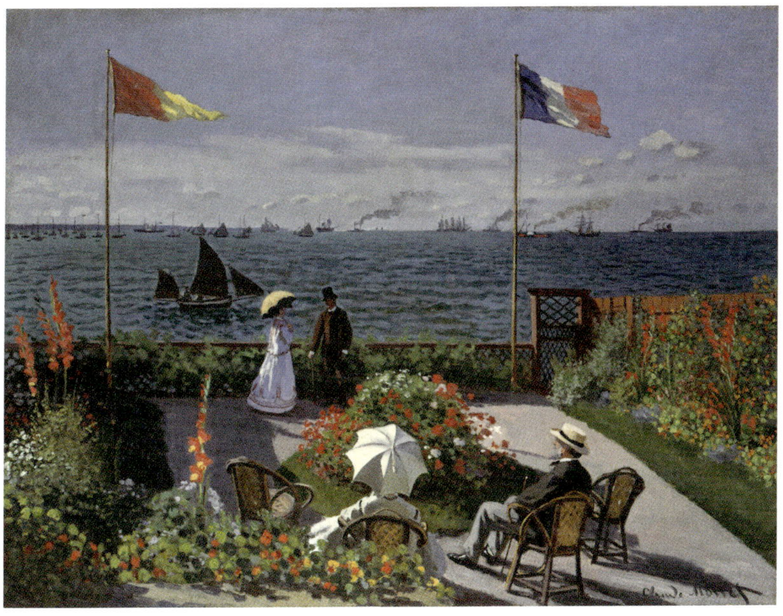

7. Claude Monet, *Jardin à Sainte-Adresse*, 1867, Öl/Lwd., Metropolitan Museum of Art, New York

leichte Schrägstellung der das Bild gliedernden Horizontalen gefährdet jene ausgewogene konstruktive Balance und Ruhe, die Monets Gemälde kennzeichnet. Hokusais und Monets epische Querformate, die als einander im Aufbau eng verwandte Darstellungen deutlich die Stabilität betonen, steht Hoepkers Aufnahme gegenüber, die mit der leicht schräg nach rechts gekippten Balustrade eine Schwankung des Gleichgewichtes enthalt, die der Wahrnehmung nicht Sicherheit, sondern vielmehr Unruhe verheißt – eines von mehreren, von der Norm(-erwartung) abweichenden Formelementen, die jene Irritation auslösen, welche die Harmonie, die sich dem ersten Blick darbietet, in Frage stellen.

Die sich überlagernden Bild- und Sinn-Schichten der Hoepker'schen Fotografie, die sich aus einer eigenartigen Mixtur traditioneller Dispositive zusammensetzt, erzeugen die charakteristische Spannung der Aufnahme, die durchaus etwas mit der Hitchcock'schen *Suspense*-Dramaturgie zu tun haben könnte: Das Publikum *vor* dem Bild kennt inzwischen längst das ganze Ausmaß der Katastrophe, die sich im Hintergrund abzeichnet, während die im Bild versammelten Augenzeugen die tatsächliche Größenordnung vorerst allenfalls ahnen. Dass die kleine Runde im Bild bei sich – damit aber zugleich bei der Sache – ist und gegen die landläufige Erwartung weder ins Bild hinein noch wenigstens herausblickt, verstärkt das skandalisierende Element der Aufnahme. Der räumlichen Entfernung zum eigentlichen Hauptgeschehen, die sich aus dem durch die Umstände veranlassten Standpunkt des Fotografen herleitet, korrespondiert die scheinbare Distanziertheit, Autonomie und Unabhängigkeit der Szene im Vordergrund. Diese doppelte Distanz und die Nicht-Relation, kurz die Unvermitteltheit beider Ebenen beschäftigt und empört den Bildbetrachter. Da Hoepker weder die Opfer noch die von der Wucht des Ereignisses unmittelbar Betroffenen zeigt, sondern stattdessen fünf in sicherer Entfernung sitzende Zeitgenossen präsentiert, verlangt der Betrachter offenbar geradezu, sie zumindest in der Rolle aktiver Zuschauer zu sehen, vielleicht auch schlicht deswegen, um nicht mit der bedrückenden Last des Ereignisses allein gelassen zu werden.

Dabei könnte der Umstand, dass die Rezeption des Bildes erst mit großer Verspätung einsetzt, bei der Ausprägung der Erwartungs- und Anspruchshaltung eine Rolle spielen. Denn inzwischen war aus dem Ereignisbild zwangsläufig ein Historienbild geworden, das gattungsgemäß eine *gültige* Szene in jeder Hinsicht des *common sense* verlangt. Von solch einer nobilitierenden Funktion ist die Hoepker'sche Szenerie in den Augen vieler Interpreten jedoch „meilenweit" entfernt. Sie unterläuft Erwartungen und irritiert sie. Ambivalent ist sie nur auf den ersten Blick. Der zweite Blick entdeckt die theoretische Dimension, der nächste darüber hinaus eine metonymische und mnemotechnische Ebene, wenn die Zwillingsfigur der Türme sich nicht nur in den beiden rahmenden Bäumen sondern auch in der Architektur des Fahrrads sowie in der Figurendisposition mehrfach spiegelt.

5.

„Occasio – a tergo calva est" – Die Fotografie als Medium ist nicht nur ein hervorragendes Mittel optischer Aufzeichnung und Dokumentation, sondern zugleich ein ausgezeichnetes Instrument visueller Analyse und Kritik. Indem sich das Augenmerk der fotografietheoretischen Debatten bevorzugt auf den Index- und Abbildcharakter richtete, wurde paradoxerweise die genuin kreative, konstruktive Seite des Mediums stark unterschätzt. Bis heute wird der Fotografie im Alltag kaum mehr als ein ephemerer Status zuerkannt; sie scheint, insbesondere im Fall der Pressefotografie, eher für den raschen Ge- und Verbrauch bestimmt. Skandale um Bilder wie das von Hoepker erschaffen dabei aus sich heraus die Plattform für eine intensivere Wahrnehmung; dass sie dabei aus einem Missverstehen

resultieren, ist keine Seltenheit.[35] Die Tatsache, dass sich die Öffentlichkeit in den USA dem Hoepker-Bild mit Nachdruck zugewandt und einen „firestorm of media commentary"[36] ausgelöst hat, ist auch deshalb bemerkenswert, weil sich hier unmittelbar das Internet als Distributions- und Diskussions-Forum eingeschaltet und das Bild und seine Kommentierung in rasanter Geschwindigkeit multipliziert hat. Die Magazine und Blogs des Web 2.0 haben mit ihrer digitalen Verknüpfungsdynamik und Medienvielfalt weitgehend neue Rahmen- und Rezeptionsbedingungen für die Auseinandersetzung mit einer politisch ins Rampen- oder Zwielicht geratenen Fotografie geschaffen. Neben schriftlichen Äußerungen begleiten das Hoepker'sche Bild bis heute Interviews, die als Podcast geschaltet werden oder politische (Werbe-)Spots und Vorträge, die jederzeit über „youtube" abrufbar sind und das „taboo photo" jeweils neu kontextualisieren – so viele Dimensionen, aber auch so viel Meinung gab es nie. Eine (Zeit-)Kunstgeschichte wird sich methodisch nicht nur auf die neuen Recherchemöglichkeiten, sondern auch darauf einstellen müssen, einer ungeahnten Vielfalt von Quellen, die es zu sondieren gilt, gegenüberzustehen.

Der Fotograf jedenfalls war trotz der erwähnten Beeinträchtigungen zur rechten Zeit am rechten Ort zur Stelle. Henri Cartier-Bresson hat für das Gelingen eines Bildes bekanntlich den „entscheidenden Augenblick" mitverantwortlich gemacht.[37] Damit huldigt der Vertreter der humanistisch genannten Richtung der Fotografie dem *Kairos*, dem man sich „hellwachen Sinnes" stellen müsse. Versteht man die Hoepker-sche Aufnahme nun falsch, wenn man diese Idee darin beinah emblematisch niedergelegt findet? Der jungen Frau im Mittelpunkt des Bildes, gerahmt von zwei Begleitern, weht der von hinten kommende Wind das Haar über die Seite nach vorn. Hinter dieser Gestalt ließe sich die Göttin des „entscheidenden Augenblicks", die im Nu wieder verschwindet, erkennen: Occasio, eine enge Verwandte der Fortuna, die häufig mit wehendem Haarschopf dargestellt ist, an welchem sie flugs zu ergreifen ist. So ließe sich die Hoepker'sche Aufnahme über das Ereignisbild hinaus auch als ein indirektes Selbstportrait des Fotografen begreifen,[38] dem bei seinem Versuch, näher ans Motiv heranzukommen, aus der Distanz mittels Schnappschuss ein gültiges, fruchtbares Bild gelungen ist – ein „*end*gültiges" Foto kann es im Übrigen, wie Susan Sontag in ihrer „kleinen Summa" der Fotografie 2003 erläutert hat, nicht geben.[39]

Postskriptum

Der vorstehende Text ist im Jahr 2008 zunächst als Vortrag und bald darauf als Essay entstanden.[40] Ich bin Thomas Hoepker sehr verbunden, dass er mir mündlich und per E-Mail-Korrespondenz detaillierte Auskunft über die Umstände der Entstehung und Rezeption seiner Fotografie, die rasch zu einem seiner bekanntesten Werke aufgerückt ist, gegeben hat. Sein 9/11-Bild hat in mehrfacher Hinsicht Epoche gemacht: Zum einen dadurch, dass es aus einem sehr ungewöhnlichen Blickwinkel ein welterschütterndes Ereignis dokumentiert (und zugleich interpretiert); zum anderen dadurch, dass es wegen seiner künstlerischen Qualität inzwischen über mehrere zeithistorische Stufen hinweg die Öffentlichkeit zur Debatte über das politische Sujet und, nicht weniger grundsätzlich, zur Reflexion über das allgemeine ästhetische Vermögen der Fotografie angestiftet hat. Hoepkers Aufnahme zeigt nicht zuletzt auf, dass der Streit um den Kunststatus von Dokumentar- und Pressefotografie ein Streit um Hekuba ist, vielleicht hier und da wichtig, aber zugleich auch nichtig.

Seit der ersten Veröffentlichung dieses Aufsatzes (s. Anm. 40) ist bis heute fortlaufend Literatur über die hier in Betracht stehende Fotografie von Thomas Hoepker erschienen. Es sei an dieser Stelle nur hingewiesen auf den Aufsatz von Dan Fleming, „The Talk of the Town: 9/11, the Lost Image, and the Machiavellian Moment", in: *Global Media Journal* – Canadian Edition, Jg. 4, 2011, H. 2, S. 63–77 sowie die Publikation von Kristen Lubben (Hg.), *MAGNUM Contact Sheets/Kontaktbögen*, München 2011, hier S. 458f.

Auf Wunsch des Verlages wurden die längeren englischen Zitate ins Deutsche übertragen. Die Übersetzung besorgte Marion Kagerer.

1 blogJosh, Photos as false representation, 2006 http://joshear.com/blogjosh/archives/2006/09/photos_as_false.html (nicht mehr verfügbar; zuletzt abgerufen am 29. März 2008).

2 „Thomas Höpker – Fotografien 1955–2005", Fotomuseum im Münchner Stadtmuseum, 25. November 2005 bis 28. Mai 2006; die Retrospektive wurde anschließend in Hamburg vom 25. Dezember 2006 bis 18. März 2007 im Museum für Kunst und Gewerbe sowie in Berlin vom 21. Juli bis 23. September 2007 bei C/O Berlin gezeigt.

3 Thomas Hoepker sagt über sich selbst auf der Webseite seiner Fotoagentur Magnum: „I am not an artist. I am an image maker", www.magnumphotos.com/ThomasHoepker.

4 Zu der Retrospektive erschienen mehr als 15 Pressetexte sowie zahlreiche Fernsehberichte und -interviews, siehe dazu auch die folgenden Anmerkungen.

5 Freddy Langer, „Das Unglück anderer ist das Unglück aller", in: *Frankfurter Allgemeine Zeitung*, 14. Januar 2006, Nr. 12, S. 33, http://www.faz.net/aktuell/feuilleton/kunst/fotografie-das-unglueck-anderer-ist-das-unglueck-aller-1304366.html (Hervorhebungen M.D.). Vgl. mit ähnlicher Argumentation auch den Artikel von Matthias Reichelt, „Der große Bilderfabrikant", in: *die tageszeitung*, 3. März 2006, http://www.taz.de/1/archiv/archiv/?dig=2006/03/03/a0174.

6 So lautete der Titel des Beitrags zur Diskussion von Hoepkers Aufnahme in dem Blog „Photographs, Photographers and Photography" von Thomas Pindelski,

http://pindelski.org/Photography/2006/09/20/political-photography/; auf den Artikel hat Hoepker ebendort in einem Kommentar direkt geantwortet.

7 Frank Rich, „Whatever Happened to the America of 9/12?“, in: *The New York Times*, 10. September 2006, http://www.nytimes.com/2006/09/10/opinion/10rich.html?pagewanted=all.

8 David Friend, *Watching the World Change. The Stories behind the Images of 9/11*, London, New York 2006.

9 Gemeint ist die Zeit bis 2008; freundliche Auskunft von Thomas Hoepker.

10 David Plotz, „Frank Rich Is Wrong About That 9/11 Photograph“, 13. September 2006, http://www.slate.com/articles/arts/culturebox/2006/09/frank_rich_is_wrong_about_that_911_photograph.html.

11 Abalk2 [Pseudonym], „Does it smell like smoked mozzarella out here, or is it just me?“, 13. September 2006, http://gawker.com/200397/does-it-smell-like-smoked-mozzarella-out-here-or-is-it-just-me?tag=news92f11; vgl. auch das Ergebnis der Umfrage: http://gawker.com/200665/.

12 Walter Sipser, „It's Me in That 9/11 Photo“, 13. September 2006, http://www.slate.com/articles/news_and_politics/culturebox/2006/09/its_me_in_that_911_photo.html.

13 Siehe die persönliche Webseite von Chris Schiavo, http://www.chrisschiavo.com.

14 Der Text wurde später ergänzt zu dem Beitrag von Sipser (wie Anm. 12).

15 Thomas Hoepker, „I took that 9/11 Photo“, 14. September 2006, http://www.slate.com/articles/arts/culturebox/2006/09/i_took_that_911_photo.html.

16 Ebd.

17 Richard B. Woodward, „One 9/11 Picture, Thousands of Words: Rorschach of Meanings“, in: *The Wall Street Journal*, 19. September 2006, http://online.wsj.com/article/SB115861755766466732.html (Hervorhebung M.D.). Woodward versteigt sich im Anschluss an die zitierte Stellungnahme von Chris Schiavo zu dem Satz: „Es ist sicher nicht lustig, wenn ein in aller Öffentlichkeit erlebter Moment emotionaler Verwirrung von einem Magnum-Fotografen gekapert und von einem Kolumnisten der *New York Times* zu einem Symbol moralischer Blamage gemacht wird.“ Ebd.

18 Thomas Hoepker, „Reply to Richard B. Woodward“ (siehe Anm. 17), zitiert nach dem Manuskript des Autors, September 2006.

19 Daryl Lang/David Walker, „Meaning and Interpretation: Inside a Controversial 9/11 Image“, in: *Photo District News*, 1. November 2006 (Internet-Fassung nicht mehr verfügbar, zuletzt abgerufen im März 2008).

20 Rich (wie Anm. 7).

21 Vgl. Thomas Hoepker, in: Steve McCurry u. a., *New York September 11 by Magnum Photographers*, New York 2001, S. 66.

22 „Es gibt nur drei Bilder (frames) von dem Motiv. Fotografiert habe ich mit der Canon EOS und Fujichrome Dia Film, vermutlich Zoom, Brennweite so gegen 80 mm, keine Ahnung von Belichtungszeit und Blende, das registriert man bei diesen halbautomatischen Kameras sowie nie. Also es war noch vor der digitalen Zeit, kurz danach, 2002, habe ich meine erste Digitalkamera gekauft.“ Thomas Hoepker, E-Mail an d. Vf. vom 27. März 2008.

23 Vgl. aber die Aufnahmen der anderen Magnum-Kollegen, darunter James Nachtwey, die in dem Buch von McCurry u. a. (wie Anm. 21) abgedruckt sind.

24 Laut David Friend fand diese Sitzung erst am Donnerstag, den 13. September, statt, vgl. Friend (wie Anm. 8), S. 142.

25 McCurry u. a. (wie Anm. 21), S. 67.

26 Friend (wie Anm. 8), S. 142–143 (Hervorhebung M. D.).

[27] Siehe die Internetseite des Restaurants, http://www.giandoonthewater.com. Bei Google Earth lassen sich via Adresse des Restaurants, 400 Kent Avenue, Brooklyn, NY 11211, der Ort und die Perspektive der Aufnahme nachvollziehen.

[28] David Barrie, „Background noise", Blogeintrag vom 27. Oktober 2007, http://davidbarrie.typepad.com/david_barrie/2007/10/background-nois.html.

[29] David Friend, „3 Girls Watching", 2001, Blogeintrag vom 2. März 2008, http://davidfriend.net/2008/03/3_girls_watching_2001.php.

[30] David Friend, „Re: Pose–Repose?", Blogeintrag vom 13. September 2006, http://davidfriend.net/2006/09/re_pose_repose.php; dort zitiert er William Lamson zu dessen Aufnahme: „Statt Gleichgültigkeit, glaube ich, zeigt dieses Bild vielmehr das abgrundtiefe Nichtbegreifen dessen, was an jenem Tag geschah. [...] Wie Hoepkers Bild, wurde dieses Foto nicht veröffentlicht, jedoch nicht, weil ich es nicht versucht hätte. Ich habe es an die *New York Times*, das *Time Magazine*, den *New Yorker*, das *Atlantic Monthly* und viele andere geschickt."

[31] Mario Praz, *Conversation Pieces. A Survey of the Informal Group Portrait in Europe and America*, London 1971.

[32] Hans Blumenberg, *Schiffbruch mit Zuschauer. Paradigma einer Daseinsmetapher*, Frankfurt/M. 1997.

[33] Ebd., S. 48–49.

[34] Ebd., S. 58.

[35] Vgl. zum Beispiel die Fotografie von Spencer Platt aus Beirut vom 15. August 2006, die als „World Press Photo 2006" ausgezeichnet wurde. Durch ihren Kontrast zwischen dem Vordergrund mit den modisch gekleideten jungen Leuten in einem Cabriolet und den zerbombten Beiruter Wohnhäusern im Hintergrund hat die Aufnahme ebenfalls zahlreiche Diskussionen ausgelöst.

[36] Lang/Walker (wie Anm. 19).

[37] Cartier-Bressons Aufsatz „Der rechte Augenblick" („L'instant décisif") erschien erstmals in: Henri Cartier-Bresson, *Images à la Sauvette*, Paris 1952.

[38] Für diesen Hinweis danke ich Jens Meinrenken, Berlin.

[39] Susan Sontag, „Fotografie. Eine kleine Summa", in: dies., *Zur gleichen Zeit. Aufsätze und Reden*, hg. von Paolo Dilonardo/Anne Jump, München 2008, S. 164–167, hier S. 167: „Es gibt kein endgültiges Foto".

[40] Unter dem Titel „Ereignis Bild. Fotografie, Politik und (Be-)Deutung" als Vortrag im Rahmen der Tagung „Bilder der Macht – Macht der Bilder" an der Universität Basel (2008) und im Zusammenhang mit der Tagung „Reinhart Koselleck – Politische Ikonologie" an der Philipps-Universität Marburg (2010) gehalten. Als Essay publiziert in: Hubert Locher und Adriana Markantonatos (Hg.), *Reinhart Koselleck und die Politische Ikonologie*, Berlin 2013, S. 136–151, sowie ferner in: Michael Diers, *Vor aller Augen. Studien zu Kunst, Bild und Politik*, Paderborn 2016, S.123–139.

MICHAEL DIERS, Professor em. für Kunst- und Bildgeschichte an der Hochschule für bildende Künste in Hamburg und an der Humboldt-Universität zu Berlin. Forschungsschwerpunkte: Kunst der Renaissance, der Moderne und der Gegenwart, einschließlich Fotografie, Film und Neue Medien, ferner politische Ikonografie, Kunst- und Bildtheorie, Wissenschaftsgeschichte. Mitherausgeber der Gesammelten Schriften Aby Warburgs, langjähriger Herausgeber der Taschenbuchreihe *kunststück* und der Reihe *Fundus-Bücher*.

Buchpublikationen in Auswahl: *Schlagbilder. Zur politischen Ikonographie der Gegenwart* (1997); *„Der Bevölkerung". Aufsätze und Dokumente zur Debatte um das Reichstagsprojekt von Hans Haacke* (Hg., 2000); *Fotografie Film Video. Beiträge zu einer kritischen Theorie des Bildes* (2006); *Focus on BLOW-UP. Die Gegenwart der Bilder bei Antonioni* (Hg., 2018), *O Superman. Gedanken über Film, Kunst, Politik (und Lehre)* (Hg., 2019), *Vor aller Augen. Studien zu Kunst, Bild und Politik* (2016); *Mary Warburg. Porträt einer Künstlerin*, (Hg., 2020); *Aby Warburg, Briefe*, 2 Bde (Hg., 2021); *Gegen den Strich. Die Kunst und ihre politischen Formen* (2023).

Publiziert regelmäßig in Tages-, Wochenzeitungen und Magazinen, darunter *FAZ, SZ, NZZ, taz, Die ZEIT* und *Monopol*. Lebt in Berlin.

Bereits erschienen:

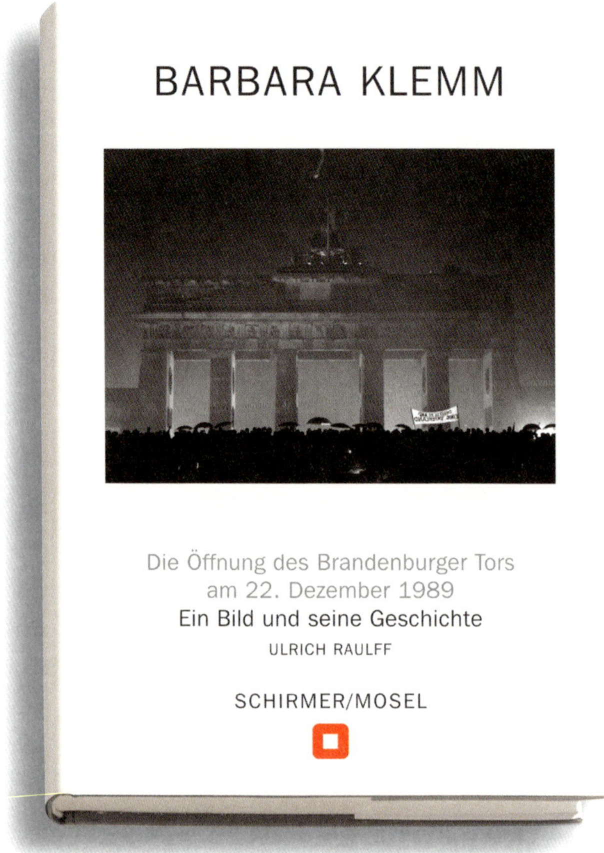

48 Seiten, 7 Abb. in Duotone ISBN 978-3-8296-0979-1

Der erste Band unserer Serie ist Barbara Klemms berühmter Fotografie von der Wiedereröffnung des Brandenburger Tors in Berlin am 22. Dezember 1989 nach dem Fall der Mauer gewidmet. Der Historiker Ulrich Raulff kommentiert das Bild und beschreibt die einmalige historische Situation, in der es entstanden ist.

Bereits erschienen:

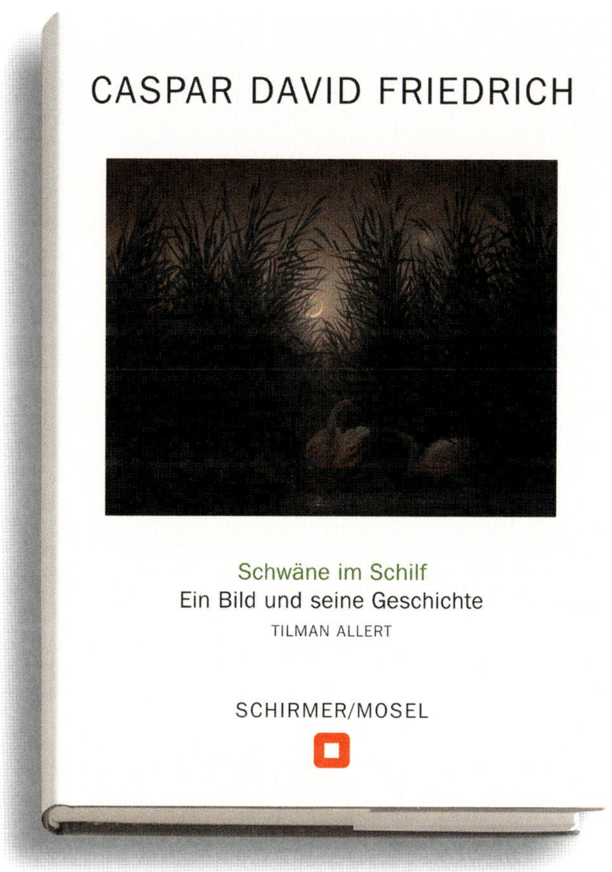

48 Seiten, 5 Abb. in Farbe ISBN 978-3-8296-1012-4

Das kleine Gemälde von Caspar David Friedrich *Schwäne im Schilf* liest und deutet der Frankfurter Soziologe Tilman Allert nicht nur als Schlüsselbild einer Kindheitstragödie, er interpretiert es auch als Weichenstellung für die Künstlerwerdung des jugendlichen Caspar David Friedrich, der als 13-jähriger Knabe mit seinem ein Jahr jüngeren Bruder zu einer winterlichen Schlittschuhpartie aufbrach, bei der der Jüngere sein Leben verlor.

In Vorbereitung:

THOMAS STRUTH

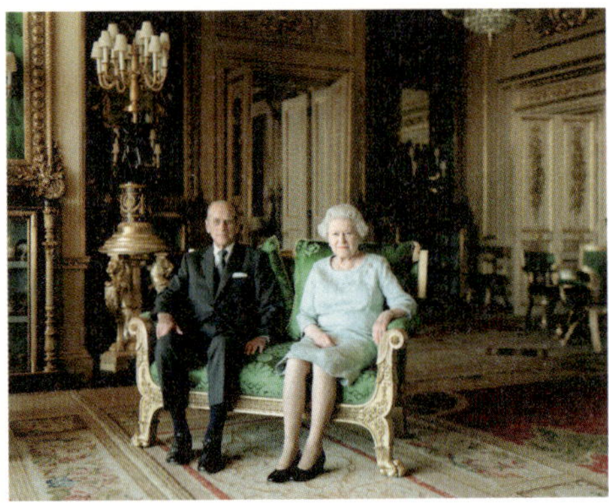

Queen Elizabeth II and The Duke of Edinburgh, Windsor Castle 2011

Ein Bild und seine Geschichte

SCHIRMER/MOSEL

ca. 56 Seiten, ca. 10 Abb. in Farbe ISBN 978-3-8296-0981-4